華志文化

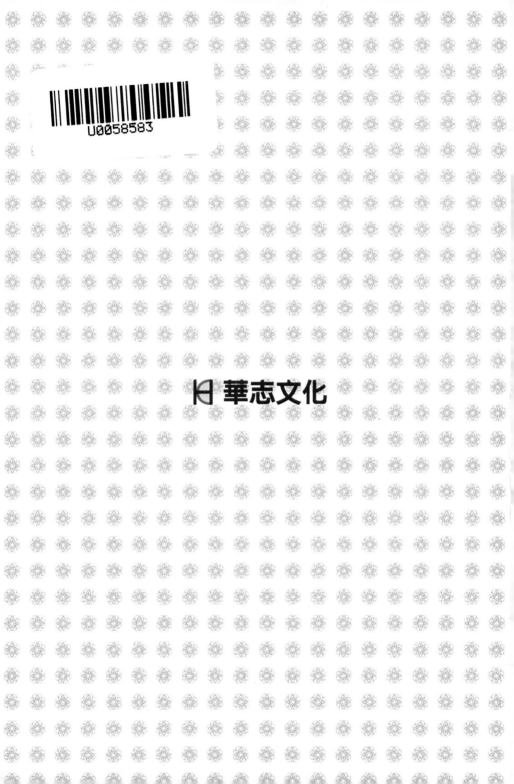

華志文化

最能透露人性的真實內心

微反應心理學

瞬間猜透對方內心的真實意思

面部表情　肢體表情　語言表情　行為表情

什麼是微反應呢？就是「心理應激微反應」

它是人們在受到有效刺激的一剎那，不由自主地表現出不受思維控制的瞬間真實反應。本書教你在人際交往中靈活運用心理學的方法，用眼睛洞察一切，察人於無形，觀人於細微，多角度挖掘隱藏在人們內心深處的奧秘，使你具備瞭解和掌控他人的心理策略技巧，在闖蕩社會、行走江湖中，獨具一雙慧眼。

王華志◎編著

關於本書

說到微反應，大多數人都會認為這只是面部五官的表情。其實，微反應不僅僅包括人的面部表情，人們的肢體表情、語言表情和行為表情也在微表情的範疇之內。

一般情況下，人們都認為微笑是展示開心，友好的表現。工作中，我們會看到同事的微笑。在生活中，我們去吃飯能看見服務員的微笑，坐交通工具時，我們也能看見司機的微笑……這是「心理應激微反應」。

它是人們在受到有效刺激的一剎那，不由自主地表現出的不受思維控制的瞬間真實反應。

序言／微反應心理學：瞬間猜透對方內心的真實意思

(Mico Response Psychology)

你有沒有想過，這些微笑之中有多少是發自內心的？所有的微笑都是真誠的？沒有任何的含義嗎？答案是：並不是所有的微笑都是真誠的。微笑的面孔下，也有可能掩蓋著謊言！如何去識破這些表情下隱藏的真正含義呢？這就需要我們懂一點心理學了。

那麼，什麼是心理學呢？其實，心理學就是關於「心」的科學。

法國文學家狄德羅曾說過：「一個人，他心靈的每一個活動都表現在他的臉上，刻畫得很清晰，很明顯。」心理學告訴我們，與一個人初次見面，第一印象在四十五秒鐘就能產生。這一印象在對方的頭腦中形成並佔據著主導地位，這就是我們常說的「先入為主」。

那麼，什麼是微反應呢？微反應的全稱，是「心理應激微反應」。它是人們在受到有效刺激的一剎那，不由自主地表現出的不受思維控制的瞬間真實反應。如果要為「微反應」這個心理學領域的新詞找個外國前輩詞彙來對應的話，那它的英文原文應該是「Micro-expressions」（通常譯為「微表情」）。另有一意，指微觀程度上的反應，（英文為 Micro-reaction）在微反應器中直徑為幾十到幾百微米的微通道內發生物理或者化學反應。

嚴格來講，「微反應」是個廣義的「大詞」，包括三個方面的內容：

一、是大家耳熟能詳的「微表情」，屬於「面孔微反應」。

二、是除了表情以外的，其他能夠映射心理狀態的身體動作，也就是常說的「小動作」，可以彆扭地稱為「微動作」，屬於「身體微反應」。

三、是語言訊息本身，包括使用的詞彙、語法以及聲音特徵，稱為「微語義」，屬於「語言微反應」。

但同時，「微反應」在通常漢語語境下，又會讓人直接聯想到身體的動作反應，即前面列舉的第二個方面的內容「微動作」。所以，「微反應」從這個角度講，也可以作為一個狹義的「小詞」，以便更貼近普通人的理解。

所以本書嘗試以心理學的角度，運用心理學原理，結合生活中的實際案例，對平常可能遇到的各色心理現象進行了非常細緻的分析，並提供各種獨特有效的應對策略，教你巧妙運用人類共同的行為準則與心理機制。

懂一點微反應心理學，將幫助你在日益激烈的當今時代，掌握主動權，在細微之中觀察人於無形，真真正正的把主動權牢牢掌握於手中。

從表面到內心教你於細微處，察人於無形中。

目錄／微反應心理學：瞬間猜透對方內心的真實意思

第一章：交際心理學：怎樣讓自己變得更受歡迎

第二章：待人處世心理學：怎樣贏得他人的友誼

第三章：職場成功心理學：應以什麼樣的心態面對工作

第四章：回歸自我，審視內心，生命因你而精彩！

第五章：情緒心理學：掌控情緒，做自己心情的主人

第六章：追求身心健康，創造美好人生

首因效應：初次相見，給別人留下良好的第一印象

第一章：交際心理學：怎樣讓自己變得受歡迎

1 首因效應
2 近因效應
3 鄰里效應
4 親和力效應
5 幽默效應
6 自己人效應
7 名字效應
8 相互吸引定律

第一章 交際心理學：怎樣讓自己變得更受歡迎

1首因效應：初次相見，給別人留下良好的第一印象

很多人都習慣由第一印象來判斷、評價他人，你是不是經常聽到這些話：

「從第一眼起，我就特別喜歡他。」

「他給我的第一印象，我永遠都忘不了。」

「第一次見他，我就感覺怎麼也不會喜歡這種人。」

「還記得他第一次來，短短數分鐘的談話，直覺告訴我：他不合適。」

人際交往中人們的這種心理，就是所謂的首因效應。首因，是指首次認知對方而在腦中留下的「第一印象」。首因效應，也叫做「第一印象效應」，是指最初接觸到的訊息所形成的印象對我們以後的行為活動和評價的影響。

一般地，你在最初交往中給對方留下什麼印象，對方容易自覺地依據這種印象來決定是否從心理上接納你。第一印象既可以助某人某事成功，也可讓某人某事失敗。

有個畢業生，學的是新聞專業，正急於找工作。一天，他到某報社見總編

說：「你們需要一個編輯嗎？」

「不需要！」

「那麼記者呢？」

「不需要！」

「那麼排版人員、校對呢？」

「我們現在什麼空缺也沒有了。」

「那麼，你們一定需要這個東西。」說著，他從公事包中拿出一塊精緻的小牌子，上面寫著「額滿，暫不雇用」。總編看了看牌子，微笑著點了點頭，說：「如果你願意，可以到我們廣告部工作。」這個大學生透過自己製作的牌子表達了自己的機智和樂觀，給總編留下了美好的「第一印象」，引起對方極大的興趣，從而為自己贏得了一份工作。「第一印象」在這裡產生了微妙而有效的作用。

心理學告訴我們，與一個人初次會面，第一印象在四十五秒鐘內就能產生。這一最先的印象對他人的社會知覺產生較強的影響，並且在對方的頭腦中形成並佔據著主導地位，所謂「先入為主」。有心理學家指出：「保持和復現，依賴於有關的心理活動第一次出現時注意和興趣的強度。」並且這種先入為主的第一印象是人的普遍的主觀性傾向，會直接影響到以後的一系列行為。

一般人都有切身體會，第一印象是難以改變的，因此在日常交往過程中，尤其是與別人的初次交往時，一定要注意給別人留下美好的印象。首因效應在人際交往中對人的影響非常大，是人與人交際心理中的一個重要名詞。初次見面時，對方的表情、體態、儀表、服裝、談吐、禮節等形成了我們對對方的第一印象。在現實生活中，在首因效應作用下形成的第一印象常常左右著我們對他人的日後看法。因為第一印象一旦形成，就不容易改變。而初次印象是長期交往的基礎，是取信於人的出發點。

那麼，怎樣使別人喜歡你，使你更容易受到歡迎，更容易交到朋友呢？

盛行全球的《人性的弱點》一書的作者、成功學大師戴爾•卡內基，運用心理學知識，針對人類共同的心理特點，提出了使你成為大眾寵兒的方法：任何人都喜歡那些欣賞和關心他們的人，因此最有效的交際竅門是對別人真心實意地感興趣；要努力學會為別人提供服務，不惜花費時間、精力，誠心誠意地為別人設想和做事情，這樣才能獲得真正的朋友。

西班牙專家認為，人們在日常交際中對他人的第一印象主要來自動作、姿態、外表、目光和表情等非口頭語言。

西班牙《先鋒報》報導說，根據大學心理學教授阿維亞的研究，與人初次交談時，非口頭語言可提供百分之六十到百分之七十的訊息。

對無緣得見的社會名人，多數人也會產生或好或壞的第一印象，影響因素包括他們的外貌以及媒體對其公眾形象的評價。此外，女人比男人感性，所以更容易先入為主；男人相對更加理性，在長遠洞察力方面有優勢。

第一印象無論好壞都很難抹去，因此初次見面就不討人喜歡的人通常不具備良好的交際能力。

那麼，什麼樣的舉止會給人留下糟糕的第一印象呢？

阿維亞指出，初次見面就講述私人生活或個人問題、搬弄是非或批評他人、只談論自己、過於活潑或好開玩笑、舉止莽撞冒失、自己高談闊論卻不給對方說話機會、認為自己永遠有理或目空一切，都會給人留下壞印象。

怎樣留下良好的第一印象呢？

阿維亞說：「這需要有清楚的自我認識，能自我反省並及時改正，比如注意自己的表情是否僵硬、笑容是否令人不快；注意自身形象和個人衛生；交談時適當保持沉默或改變說話語調；尋找自己與對方的共同話題等。此外，活躍談話氣氛的能力十分重要，因為很多人憑直覺來判斷談話對象是否值得結交。」

這位專家最後強調：沒有人能夠給所有人都留下好印象，因此，最重要的是別浪費時間，要結識那些值得交往的人。

由於首因效應作用的存在，這就要求我們在和別人初次交往的時候，一定要注意修飾自己，從外表到語言到內在的素質，給人一種愉悅的感覺，讓人願意與你交往。

☆心理學要點

在現實生活中，在首因效應作用下形成的第一印象常常左右著我們對他人的日後看法。因為第一印象一旦形成，就不容易改變。而初次印象是長期交往的基礎，是取信於人的出發點。

2 近因效應：有好的開始，更要有好的結尾

首因效應一般在交往雙方還彼此生疏的階段特別重要，而隨著雙方瞭解的加深，近因效應就開始發揮它的作用了。近因效應是相對於首因效應而言的，是指在交往過程中，我們對他人最近的、最新的認識占了主體地位，掩蓋了以往的評價，也稱為「新穎效應」。

比如，你的一個平凡的老鄰居突然做了官，你就會一掃其平凡的印象，對其刮目相看。再比如，多年不見的朋友，在自己腦海中的印象最深的，其實就是臨別時的情景；一個朋友總是讓你生氣，可是談起生氣的原因，大概只能說上兩三條；你的一個好朋友最近做了一件對不起你的事情，你提起他來就只記得他的壞處，完全忘了當初的好處……這一切都是近因效應的影響。

兩人在平常接觸頗多，彼此之間卻都將對方最後一次印象作為互相認識與評價的依據，因為最近發生的事或瞭解的東西掩蓋了對對方的一貫瞭解。這就是近因效應所產生的結果。

在人際交往過程中，新獲得的訊息往往起優勢作用，也即最近的訊息對認知的影響相對比較大，所留下的印象也相對深刻。

美國心理學家盧欽斯用編撰的兩段文字作為實驗材料作研究。他編撰的文字材料主要是描寫一個名叫傑瑞的男孩的生活片段，第一段文字將傑瑞描寫成熱情並外向的人，另一段文字則相反，把他描寫成冷淡而內向的人。

例如，第一段中說傑瑞與朋友一起去上學，走在撒滿陽光的馬路上，與店鋪裡的熟人說話，與新結識的女孩子打招呼等；第二段中說傑瑞放學後一個人步行回家，他走在馬路的背陰一側，他沒有與新近結識的女孩子打招呼等。

在實驗中，盧欽斯把兩段文字加以組合：

第一組，描寫傑瑞熱情外向的文字先出現，冷淡內向的文字後出現。

第二組，描寫傑瑞冷淡內向的文字先出現，熱情外向的文字後出現。

第三組，只顯示描寫傑瑞熱情外向的文字。

第四組，只顯示描寫傑瑞冷淡內向的文字。

盧欽斯讓四組被試驗者分別閱讀一組文字材料，然後回答一個問題「傑瑞是一個什麼樣的人？」結果發現，第一組被試驗者中有78％的人認為傑瑞是友好的，第二組中只有18％的被試者認為傑瑞是友好的，第三組中認為傑瑞是友好的被試驗者有95％，第四組只有3％的被試驗者認為傑瑞是友好的。

這項研究結果證明，訊息呈現的順序會對社會認知產生影響，先呈現的訊息比後呈現的訊息有更大的影響作用。但是，盧欽斯進一步研究發現：如果在兩段文字之間插入某些其他活動，如做數學題、聽故事等，則大部分被試驗者會根據活動以後得到的訊息對傑瑞進行判斷，也就是說，最近獲得的訊息對他們的社會知覺起到了更大的影響，近因效應很明顯地在發生著作用。

研究發現，近因效應一般不如首因效應明顯和普遍。在印象形成過程中，當不斷有足夠引人注意的新資訊，或者原來的印象已經淡忘時，新近獲得的訊息的作用就會較大，就會發生近因效應。個性特點也影響近因效應或首因效應的發生，一般心理上開放、靈活的人容易受近因效應的影響；而心理上保持高度一致，具有穩定傾向的人，容易受首因效應的影響。

這樣看來，首因效應和近因效應似乎矛盾，其實二者並不矛盾。這兩個心理活動的規律向我們揭示了一個很簡單但很有價值的道理：在一般情況下，第一印象和最近印象對人際認知的影響比較大。

由此不難看出，在人際交往中，最近、最後的印象，往往是最強烈的，可以沖淡在此之前產生的各種因素。所以，我們在交往中，在重視好的開始的同時也要重視好的結尾。

在經常接觸、長期共事的人之間，彼此之間往往都將對方的最後一次印象作為認識與評價的依據，並常常使彼此的人際關係和人際交往發生質和量的變化。現實生活中的友誼破裂、夫妻反目、朋友絕交等，都與近因效應有關。當然，近因效應也給了我們改變形象、彌補過錯、重新來過的機會。

例如，兩個朋友因故「冷戰」一段時間後，一方主動向對方表示好感或歉意，往往會出乎意料地博得對方的好感，化解恩怨。如何讓近因效應發揮好的作用，就看你如何運用了。

☆心理學要點

在人際交往過程中，新獲得的資訊往往起優勢作用，也即最近的資訊對認知的影響相對比較大，所留下的印象也相對深刻。

3 鄰里效應：熱情對待關心身邊親近的人，以最小的代價換取最大的報酬

俗話說：遠親不如近鄰。遠房親戚雖有血緣關係，但不常走動，關係還沒有天天能打照面的對鄰親近。心理學上的「鄰里效應」就是由此引申出來的。

鄰里效應是社交中的一條黃金定律，你只有努力和鄰近的人友好相處，用熱情去打動他們，才能贏得別人的好感，也才會給自己營造一個自在舒適的環境。當然，這種效應不僅局限於周圍的鄰居，還包括你身邊的那些人。一個身邊的好朋友比一個遠在他鄉的好親戚起的作用要大許多。哪怕是你有再多的好親戚又怎樣呢？你們天各一方，碰上什麼事，他也是遠水救不了近火。這時你就需要找離你最近的人幫忙，他們發揮的作用才是最大的。所以和周圍的人打好關係，有效地發揮鄰里效應，無論工作還是生活，都會受益良多。

一位著名主持人曾對她母親的為人稱讚不已，她說自己很佩服母親，能夠在搬進自己房子的一週內就和周圍的鄰居熟稔起來。

有一次家裡停電，因為沒有工具，無法修理，如果按照她的習慣就會忍一宿，但是，她的母親很自然地敲開鄰居家的門，輕鬆借到了工具，修好了故障。而在她母親搬進來之前的很長時間裡，她幾乎沒有和鄰居說過一句話。

正是因為這位母親的熱情不僅解決了生活中的小麻煩，還使她周圍的一切不再陌生和沒有安全感，逐漸地變得親切起來。

用熱情與周圍的人互動，有時能夠以最小的代價換取最大的報酬。的確如此，比如，逢年過節的時候，鄰里間的互相走動不僅能增進鄰里的關係，有時還會收穫意外的驚喜，同時也增加了社會生存的安全感。

中國古話說：「鄉田同井，出入同友，守望相助，疾病相扶持，則百姓親睦。」這句話不但為我們描述了一幅溫馨的鄉村圖景，更告訴了我們鄰居間的相互扶持、相互幫助、良性互動能促進彼此間關係的和諧，也方便了你我。

獨居老人嚴靜明一直以來為人都相當熱情，左鄰右舍要是有個什麼事，他總是熱心幫忙。雖然子女常來看望他，但一個人住，難免有個頭疼腦熱的時候。這時，左鄰右舍也會很願意來幫忙。

當你用熱情對待周圍的人的時候，他人也會給你相同的回報。在社會中，人們普遍存在一種建立和諧的人際關係的期望，也就是說，能和周圍的鄰居打成一片，是一件皆大歡喜的好事。

鄰里效應歸根結底就是要熱情對待身邊的人，你懂得關心別人，自然也會得到別人的真心。熱情笑對身邊的人也是對自己的一種投資，是提升個人魅力的一個砝碼。付出了熱情，收穫了融洽，利己利人。熱情的人是容易受到朋友歡迎的，他們的身邊永遠不會缺少同伴的關心，所以從現在開始就做一個充滿熱情的人吧，用你的情緒感染人，用你的行動帶動大家，熱愛生活，熱愛事業，熱愛家庭，熱愛身邊的朋友。相信你在給身邊人付出熱情的時候，自己也能得到快樂！

☆心理學要點

鄰里效應是社交中的一條黃金定律，你只有努力和鄰近的人友好相處，用熱情去打動他們，才能贏得別人的好感，也才會給自己營造一個自在舒適的環境。

4 親和力效應：面帶微笑，表現親和，架起一座心靈溝通的橋樑

如果一個人的性格和態度在他人看來具有親和力，人們都特別願意與之交往。親和力就像磁鐵一樣，吸引別人靠近，製造友誼的機會。

微笑是表現出親和力最有效的方式之一。

從我們稍懂人事的那一天起，就註定與微笑結了緣。高興的微笑使人身心放鬆；得意的微笑使人倍感自信；善意的微笑使人溫暖、幸福，具有親和力

……微笑—這一生命的自然悸動，是那樣的淳樸、平靜，使人享受到生命底蘊的醇味，體驗歡愉的情感，超越悲傷與失落。

笑是無聲的語言，但是「無聲勝有聲」。在動物王國，露齒是攻擊的象徵。但是，在人類社會，卻完全相反。沒有一樣東西比溫馨的微笑，能更快地化解他人的敵意、贏得他人的好感。

真誠的微笑是溝通心靈的橋樑，只要你輕輕一展笑顏，就勝過千言萬語。微笑不失為「消除一切障礙的良方」。

人與人相處的過程中，每個人都希望看到別人的笑臉。到商店購物時，希望售貨員微笑服務；到某新公司上班時，希望看到新同事和善的笑臉；向上級彙報工作時，期待著主管滿意的微笑；回到家裡時，期望看到親人溫馨的笑容。

笑臉待人，必然能收穫別人的善待。微笑是善意的標誌。不論是在家中，還是出門在外，微笑都可以以柔克剛、以靜制動、溝通情感、融洽氣氛、緩解矛盾，為雙方溝通的成功打下了良好的基礎。

俗話說：伸手不打笑臉人。微笑可以緩和緊張的氣氛，消除他人的怒氣。

有一個小女孩，家中經濟拮据，父親的脾氣很糟糕，經常打孩子。奇怪的是，在哥哥姐姐經常挨打的情況下，小女孩卻很少挨打。原因並不在於她是最小的，而是因為她喜歡微笑，每次父親舉起手來要打她的時候，她總是微微地對父親一笑，就這一笑，父親便手軟了。

微笑是兩個人之間最短的距離。試想，如果在公共場合，遇到一位並不熟悉的人正對你微笑，你是否感覺一下子與他親近了許多？微笑的魅力的確讓人難以抗拒。許多推銷員正是憑藉自己真誠的微笑贏得了他人的信任，許多企業的員工也是憑藉微笑服務，吸引並留住了更多的顧客。

希爾頓飯店的「微笑服務」聞名於世。二十世紀初期，希爾頓能夠在經濟危機中倖存下來並率先進入了新的繁榮期，微笑服務功不可沒。創始人希爾頓每天對服務員常說的一句話就是：「你對顧客微笑了嗎？」他要求每個員工不論如何辛苦，都要對顧客投以微笑，即使在旅店業務受到經濟蕭條的嚴重影響時，他也經常提醒員工：「萬萬不可把我們心裡的愁雲掛在臉上，無論旅館本身遭受的困難如何，希爾頓旅館服務員臉上的微笑永遠是屬於旅客的陽光」。

營業員面帶微笑，會吸引更多顧客。如果企業的領導者面帶微笑管理，又會帶來什麼樣的效果呢？

有許多領導者工作時總是一板一眼，不苟言笑，他們似乎覺得工作氛圍應該是嚴肅的，微笑面對員工會不利於自身權威的樹立。其實不然，在管理中，微笑有它獨特的魅力。

作為美國鋼鐵和國家蒸氣廠的子公司，RMI 公司生產的鈦產品一直不能達到合格要求，生產力低下，銷售不暢，利潤很低，公司瀕於破產邊緣。

在危難時刻，曾是前美國克里夫足球隊員的丹尼爾走馬上任。丹尼爾性格開朗愛笑，在球隊的時候，球迷和隊友們就親昵地稱他「笑星老吉」。上任後，他把那種愛笑，以笑征服人的踢球風格運用到企業管理上。《華爾街日報》稱他這種管理風格是「地道的老式笑話」。

他強調人與人之間的溝通，要求大家都要保持微笑。他讓人在工廠裡四處張貼標語：「如你看到別人不笑，你就對他笑。」「笑使你堅持自己能夠成功。」「熱愛工作才能成功」等。每張標語的署名都是「老吉」。

老吉還把公司的標誌改換成一張微笑的臉，甚至於信紙、文具、廠名標誌、工人頭盔、產品包裝都用笑臉作標記。笑臉的標誌應用之廣，以至於 RMI 公司總部所在地奈爾市的市民們，一想到笑臉就立刻聯想到 RMI 公司。最後，人們乾脆把奈爾市叫成微笑市了。

此外，丹尼爾把大部分時間花在了巡視廠房，跟工人打招呼、開玩笑上。他能隨口叫出二千多名工人中任何一個的名字。他認為這樣是和工人溝通思想，使大家產生凝聚力和喚起工作熱忱的最有效的辦法。

事實證明，他的想法是對的。三年間，在沒有任何投入的情況下，靠著這種「地道的老式笑話」的經營方式，丹尼爾激發了工人的工作熱情，使公司的利潤上升了兩倍多。這樣，公司不僅避免了破產的厄運，還重新樹立了良好的形象。

顯然，管理並非嚴厲才會有效。相反，有時領導者面帶微笑，更容易拉近與員工之間的距離，產生一種巨大的親和力，從而激起員工的工作熱忱，使企業獲得更大發展。

一位乘客請求空姐給他倒一杯水吃藥。飛機還未起飛，空姐很有禮貌地說：「先生，為了您的安全，請稍等片刻，等飛機進入平穩飛行後，我會立刻把水給您送過來，好嗎？」

十五分鐘後，飛機早已進入了平穩飛行狀態。突然，乘客服務鈴急促地響了起來，空姐猛然意識到：糟了，由於太忙，她忘記給那位乘客倒水了！當空姐來到客艙，看見按響服務鈴的果然是剛才那位乘客。她小心翼翼地把水送到那位乘客跟前，面帶微笑地說：「先生，實在對不起，由於我的疏忽，延誤了您吃藥的時間，我感到非常抱歉。」這位乘客抬起左手，指著手錶說道：「怎麼回事，有你這樣服務的嗎？」空姐手裡端著水，心裡感到很委屈，但是，無論她怎麼解釋，這位挑剔的乘客都不肯原諒她的疏忽。

接下來的飛行途中，為了補償自己的過失，每次去客艙給乘客服務時，空姐都會特意走到那位乘客面前，面帶微笑地詢問他是否需要水，或者別的什麼幫助。然而，那位乘客餘怒未消，擺出一副不合作的樣子，並不理會空姐。

臨到目的地前，那位乘客要求空姐把留言本給他送過去，很顯然，他要投訴這名空姐。此時空姐心裡雖然很委屈，但是有禮貌地面帶著微笑，說：「先生，請允許我再次向您表示真誠的歉意，無論你提出什麼意見，我都將欣然接受您的批評！」那位乘客沒有言語，接過留言本，開始在本子上寫了起來。

沒想到那位乘客在本子上寫下的並不是投訴信，而是一封熱情洋溢的表揚信。

在信中，空姐讀到這樣一句話：「在整個過程中，您表現出的真誠的歉意，特別是你的十二次微笑，深深打動了我，使我最終決定將投訴信寫成表揚信！」

在這短短的幾句感謝語中，有幾個關鍵字不可忽視：真誠、十二次微笑、深深打動，由這些關鍵字我們可以看出，讓這位挑剔的顧客以感謝代替投訴的不是別的，而是空姐真誠的、發自內心的微笑。

現實生活中，人們臉上的微笑總是沒有自己所想像的那麼多。如果你想在社交中得心應手，就得練習微笑：

—在緊張的氣氛中，請輕鬆地微笑，以緩和氣氛，消除僵局。

—在你拒絕他人時，邊搖頭邊婉轉地微笑，以不得罪對方，讓其口服心悅。

—在你示意道歉時，請真誠地微笑。伴著笑容的「對不起」，能博得對方的諒解。

—每天隨身帶一面小鏡子，每當生氣、消沉或無精打采的時候，強迫自己「製造」笑容。

—練習微笑，試著用你的整個臉去微笑。

記住：每當你感到最不喜歡笑的時候，就是你應該笑得最多的時候。

☆心理學要點

親和力就像磁鐵一樣，吸引別人靠近，製造友誼的機會。而微笑則是表現出親和力最有效的方式之一。真誠的微笑是溝通心靈的橋樑，只要你輕輕一展笑顏，就勝過千言萬語。

5 幽默效應：幽默是一種潤滑劑，它讓人與人之間的關係更和諧有趣

保羅・紐曼是美國著名的影星，他那精湛的演技與叛逆的形象，使他成為好萊塢最受矚目的男演員。

一九八二年，著名影星保羅・紐曼為了祝賀紐約布魯克林大學新設電影系，特地訪問該校，主持了新片《惡意的缺席》的試映會，並參加學生的座談。

有一位學生忿忿不平地說：「我從收音機聽到這部電影的廣告─最後一場是拼得你死我活的槍戰場面，可是實際上，片尾非常平靜和平，像這種虛偽的廣告宣傳實在要不得。」

這位學生說得義憤填膺，現場的氣氛頓時變得十分緊張。保羅・紐曼回答說：「我完全不知道廣播電台的廣告內容。」他頓了一下，接著說：「不過，

下一次的片尾一定會出現激烈的射殺場面。鏡頭上出現的是：我用槍打死了那位收音機播音員。」

保羅•紐曼用幽默的回答引起哄堂大笑，也化解了緊張的氣氛，贏得了更多影迷的愛戴。保羅•紐曼應該說具有極高的情商，如果他針鋒相對，或是擺出一副高傲的明星架子，那麼結果可想而知。

幽默是思想、學識、智慧和靈感的結晶，是一瞬間閃現的光彩奪目的火花。幽默是自覺地用表面的滑稽逗笑形式，以嚴肅的態度對待生活事物和整個世界。幽默是具有情商、教養和道德上優越感的表現。幽默感是人的比較高尚的氣質，是文明和睿智的體現。

如果我們想在社交活動中給人一個良好形象，就必須運用幽默。幽默的社交，可以讓人覺得醇香撲鼻，雋永甜美。幽默的社交，可以把別人的心吸入你的幽默磁場，在一起笑的時候，使彼此的感情產生交流。只要稍稍留意，在生活中到處可以發現可以帶給人們無窮樂趣的幽默故事。

有一位鋼鐵工人房屋漏雨，每次請求修繕都沒有結果。一天，主管視察民情，也問及他的房子一事。人們以為他會大訴其苦，卻沒想到他微微一笑說：「還好，不是經常，只是下雨時才漏。」妙語博得眾人一陣大笑。幾天後，修房問題妥善解決。

幽默，可以使愁眉不展者笑顏逐開，也可以使淚水盈眶者破涕而笑；可以為懶惰者帶來活力，也可以為勤奮者驅除疲憊；可以為孤僻者增添情趣，也可以使歡樂者更加愉悅。你看那些有魅力的人士，更是無一例外地具有幽默的品格，有一種樂觀豁達的品格。

法國文豪巴爾扎克一生寫了無數作品，卻常常手頭拮据，窮困潦倒。有一天夜晚，他正在睡覺，有個小偷爬進他的房間，在他的書桌裡亂摸。巴爾扎克被驚醒了，但他並沒有大喊大叫，而是悄悄地爬起來，點亮了燈，平靜地微笑著說：「親愛的，別翻了。我在大白天都不能在書桌裡找到錢，現在天黑了，你就不用耗費心機了！」大作家對貧窮的超脫，可見一斑。

幽默是高情商者的一種特有品質，它具有無窮的力量，它可以使年輕人顯得機智，使老人變得年輕；可以吸引眾人的注意力，可以在微微一笑間縮短彼此的距離。而在各種緊張、尷尬的場合中，幽默更能發揮出非凡的作用，使所有的令人不快的氣氛一下子變得愉悅而輕鬆，使對立衝突、一觸即發的態勢轉為和諧與融洽，還能使對方心悅誠服地理解、接納你和你的觀點。

在公共汽車上，因突然煞車，一位男青年無意中撞了一位小姐，小姐忿恨地說：「什麼德性！」男青年被她的話激怒了，一場爭端迫在眉睫。這時，旁邊的一位老先生說了一句話：「不是德性，是慣性。」車上的人頓時哄然大笑，小姐不好意思地低下了頭，男青年也愉快而誠懇地作了道歉，車上煩悶、緊張的氣氛也一掃而空了。

一次盛宴招待會上，服務員倒酒時，不小心將啤酒灑到一位賓客那光光的禿頭上。服務員嚇得臉都變了色，全場人手足無措，目瞪口呆。沒想到這位客人卻詼諧地說：「老弟，你以為這種酒能治療脫髮嗎？」在場的人聞言大笑，尷尬局面一下子被打破了，賓客的幽默向大家展示了自己的大度胸懷，又巧妙地為服務員擺脫了窘境，使招待會能愉快地繼續下去。

真正的幽默詼諧而不失風度，滑稽而不粗俗，精練而不繁冗。而且，幽默雖然只是短短的幾句話，或者簡單的行動，卻常常能勝於千言萬語的描述與雄辯，使別人明白你要表達的事實和道理，並輕易地接受，為之折服，達到勸解、說服的效果。

秦始皇吞併六國前，意欲擴大御花園，大量飼養珍禽異獸，但是這要消耗許多民力國力，可是皇上的命令誰都不敢違抗。當時，有個侏儒叫優旃，能言善辯，他對秦始皇說：「好，這個主意很好，多養珍禽異獸，敵人就不敢來了，即使敵人從東方打過來，只需下令梅花鹿用角把他們頂回去就可以了。」

這實際上是有意把鹿的作用誇大到不可能的地步，使秦始皇從這種荒謬性中想到必須養精蓄銳以對付可能來犯的各種敵人。秦始皇聽後，終於收回成命，聽從了他的勸諫。

林肯為歷代美國人所愛戴，也為世界所敬仰，他就是一個幽默大師。林肯年輕時，做過律師。有一次，他作為被告辯護律師出庭。原告律師將一個簡單的論據翻來覆去地陳述了兩個多小時，聽眾都聽得不耐煩了。待到林肯進行辯護時，只見他走上講台，先把外衣脫下放到桌上，然後拿起玻璃杯喝了口水，接著又重新穿上外衣，然後又喝水，一句話也不說，這樣的動作重複了五、六次，逗得大家前俯後仰。林肯的幽默表演，實際是對原告律師的最好嘲弄，這也為他辯護的成功奠定了基礎。

在社交中，我們一定要與人為善，與人和睦相處，但難免有人找樂子拿你開玩笑，對你進行辛辣的嘲諷，令你無法接受，高情商者可以運用幽默這一有力武器，進行回擊，以扭轉自己的被動境地，並向其他人展示自己的機智應變能力。

其實，許多人都知道幽默的重要性及好處，也希望自己成為一位具有幽默感的人，隨口說一句話便能令大家發出會心的微笑，但是，自己卻不是天生幽默的人，不能像卓別林等喜劇人物一樣，一張口，一舉手，一投足，都充滿了啟人心智、令人愉悅的幽默，使千萬人為之捧腹、為之傾倒。

許多人具有幽默的天賦，可是，幽默感也是可以後天訓練培養的。首先，你要有豁達樂觀的胸懷，有自嘲的勇氣和接受幽默的風度。其次，要多讀些幽默笑話等書報，充實自己的笑料庫。在朋友聚會時，講上一段小笑話，說出一句經典的幽默話語，也可以讓別人覺得你是一個幽默的人，長期累積，等到你可以把笑料庫裡的笑話靈活自如地運用時，你也就算大功告成了。

另外，在你周圍的朋友當中，一定有幾個是你特別樂意接近的，你之所以喜歡和他們在一起，是因為他們比較有趣。把這幾個人的名字記下來，多觀察他們如何與人相處，看看他們如何吸引大家聽他講話，嘗試用他們的方法和人溝通，慢慢地，再將自己的獨特風格融入其中，相信你也能成為一位受歡迎的幽默大師。

☆心理學要點

幽默雖然只是短短的幾句話，或者簡單的行動，卻常常能勝於千言萬語的描述與雄辯，使別人明白你要表達的事實和道理，並輕易地接受，為之折服，達到勸解、說服的效果。

6 自己人效應：拉近距離，消除隔閡，讓人無法拒絕

在人際交往中，如果雙方關係良好，一方就更容易接受另一方的某些觀點、立場，甚至對對方提出的難為情的要求，也不太容易拒絕。這在心理學上叫做「自己人效應」。

現實生活中，人們往往更喜歡把那些與自己志向相同、利益一致，或者同屬於某一團體、組織的人，視為自己人。在其他條件大體相同的條件下，所謂自己人之間的交往效果一般會更為明顯，其相互之間的影響通常也會更大。因為是自己人，所以會感到相互之間更加容易接近。而這種相互接近，則通常又會使交往對象之間萌生親切感。

自古以來，出現過不少有名的演說家在演說時與聽眾打成一片的現象，比

如當他舉起拳頭時，成千上萬的聽眾也同樣舉起拳頭附和。為什麼這些演說家在演說中會與聽眾緊密地結合在一起呢？

秘訣在於其所使用的言詞和所持的態度。他的演說內容聽上去不是為了他個人，而是為了大眾，從而使聽眾能夠產生共同意識。並且為了達到這一目的，他們在演說中往往頻頻使用「我們」、「我們大家」等字眼，以表示這些與你我眾人息息相關，所以只須簡單的幾句，就可以抓住大眾的心，使眾人能產生「命運一致」的「自己人」的感覺。

由於每個人的內心都或多或少存有潛在的「自我意識」，所以大都不願意受到他人的指使。如果他認為你是在說服他，他的自我意識就會變得更為強烈，而不易與你看法一致。即使你說得天花亂墜，頭頭是道，在他看來你也只是在為你自己的個人利益進行的一場表演而已。這樣，就別指望讓他聽取你的高見了。

如果此時你能使用「我們」這一字眼，會立刻使人認為你們就是一體，是利害與共的。於是，原本堅強的心理防禦堡壘也會倒下，而在不知不覺中接受你的意見。對於自我意識較強的人，更適合採用這種方式來說服他。

美國有一家玻璃器皿公司，寧願放棄零售商店而採用家庭聚會的方式直銷，使其每天的銷售量超過了二百五十萬美元。他們的方法是：聚會主人召集一些朋友，滿面春風地和大家聊天，為大家端茶送水，然後不失時機地要求大家購買產品。盡管大家都知道從賣掉的每一件東西裡，主人可以分得一定利潤，但在聚會的環境下，大家因為與主人的友誼而滋生了溫情、安全感和責任心，並產生對產品的好感，就會心甘情願購買，或者因為不好意思拒絕而購買。這就是因為在家庭聚會的氣氛下，公司使顧客對自己產生了「自己人」的感覺，這樣，賣東西就容易多了。

人際交往中有許多可以製造「自己人效應」的小技巧。

我們知道，兩個人初次見面，經常會詢問籍貫、學業之類的問題，有時候會驚喜地發現對方是自己的老鄉或校友，這樣，就可以套套近乎，拉近彼此的心理距離。接下來，如果有什麼事想要對方幫忙，也會容易多了。這樣的人際交往中，其實人們已經不知不覺地利用了「自己人效應」。

所謂「老鄉見老鄉，兩眼淚汪汪」，我們知道，同鄉關係是人際關係中比較牢固的紐帶。在很多大學裡，都有老鄉會、聯誼會等組織，就是透過同鄉關係把同一地方的學生召集在一塊，相互幫助、聯絡感情、加強交流。同鄉關係會給人溫馨的感覺，使雙方更容易建立信任感，因此一旦知道對方是自己的老鄉，千萬別放過這個機會，一定要點出來，說不定可以讓對方對你一見如故。

另外，我們和陌生人交往，還可以利用寒暄來製造「自己人」的感覺。即使有正事要辦，我們的開場白也不一定要直奔主題，尤其是中國人性格比較含蓄、中庸，談話經常是迂迴前進，這樣更容易營造「自己人」的效果。比如我們在和對方談正式事情之前，可以使用家常式開場白，像朋友那樣閒聊：「今天天氣不錯啊，是個好天」、「對面街新開了一家水煮魚餐廳，聽說味道不錯哦」等。當對方進入一種放鬆的狀態，解除了心理武裝，我們就可以慢慢把話題再繞到正事上面。

還有一些方法，比如，可以從對方的外貌談起。幾乎每個人都重視自己的外貌，如果你提到這個，他一定會感興趣，想瞭解別人是怎麼看待他的長相的。

再比如，甲對乙說：「你太像我的一個表兄了！剛才差點把你認成了他—你倆都高個頭，白淨臉，有一種沉穩之氣……哎呀，穿的衣服也太像了，都是深藍色的西服……我真有點分不出你們倆了。」「真的？」乙問道。接著，他們的話匣子一下子就打開了。

當知道了對方的名字，如果能夠進行恰當的剖析，可能會出乎預料地拉近你們的距離。比如碰到一個叫「建領」的人，你可以諧音地稱道：「高屋建瓴，順江而下，可攻無不克，戰無不勝，可謂意味深遠呀！」還比如，遇上一位叫「細生」的人，你又可隨口吟出「隨風潛入夜，潤物細無聲」的詩句。你要是懂點算命的理論，還可以用一種算命者的口吻來剖析對方姓名，引出大富大貴、前途無量之類的話，會讓對方感到高興。

針對事業有成的高層管理人員，則有一個拉近彼此距離的百試不爽的問題：「您是怎麼入這一行的呢？」成功人士大都喜歡和人談論自己的奮鬥歷程，並從中獲得一種成就感。當他和你追憶過往時光的時候，會不自覺地把你視為知己。

為了在人際交往中製造自己人效應，還需要一定的人格魅力。心理學研究證明：具備開朗、坦率、大度、正直、實在等良好個性品質的人，人際影響力就強；反之，有傲慢、以自我為中心、言行不一、欺下媚上、嫉賢妒能、斤斤計較等品質的人，不受歡迎，也就缺少人際影響力。

☆心理學要點：

在其他條件大體相同的條件下，所謂自己人之間的交往效果一般會更為明顯，其相互之間的影響通常也會更大。因為是自己人，所以會感到相互之間更加容易接近。而這種相互接近，則通常又會使交往物件之間萌生親切感。

7 名字效應：善於記住別人的名字，既是一種禮貌，又是一種感情投資。

國外有一則格言說：「人對自己的名字比對地球上所有名字的總和還要感興趣。」一旦掌握到人們的這種心理，就可以加以利用。

卡內基被稱為鋼鐵大王，他成功的原因究竟在哪裡呢?實際上他對鋼鐵的瞭解並不比一般人多。他成功的原因，是由於他知道怎樣為人處世。小時候，他就表現出組織的才華和領導的天才。等到十歲的時候，他發現了人們把自己的姓名看得驚人的重要，而他利用這項發現贏得了別人的合作。當他還是個蘇格蘭小孩的時候，他抓到了一隻母兔子，後來他發現了一整群小兔子，卻沒有東西餵它們。他想出了一個很妙的法子—他對鄰居的孩子們說，如果他們能找到足夠的苜蓿和蒲公英餵飽那些兔子的話，就可以用他們的名字命名那些兔子。這個法子太靈驗了，所有的兔子都活了下來。卡內基對此一直不能忘懷。好幾年之後，他用同樣的方法賺了好幾百萬美元。有一次，他想把鐵軌賣給賓夕法尼亞鐵路公司，而該公司當時的董事長是艾湯姆森。因此，卡內基在匹茲堡建立了一座巨大的鋼鐵廠，取名為湯姆森鋼鐵廠。當湯姆森聽到這一消息時，他覺得自己很受重視，得到了尊重，便很高興地和卡內基簽了合同。

誰都希望自己能夠被人記住，誰都希望自己的名字受人重視。留心記住那些看來對你有用的人的名字，這不僅僅是禮貌的問題，而是你不知道在什麼時候你就可能需要他的幫助。

人一生下來，父母就會費盡心思地設法取個好名字。觀察一下，每個人都十分看重別人對自己名字的認識。當一個陌生人能叫出你的名字時，你就會馬上產生似曾相識的感覺。

名字是一個人的記號，代表著一個人的一切，榮與辱，成與敗，高貴與卑賤。你的名字也是你不同於他人的一個重要特徵。俗語說：「人過留名，雁過留聲。」可見，名字會使人的聲譽傳得很久、很遠。對於一個人來說，名字是所有語言中最突出、最動聽的聲音，清清楚楚地把它叫出來，就是對他人的讚美，就會獲得他人的好感。

社會是複雜的，和人打交道是一件很奇妙的事情。有很多方法可以讓我們在和別人交往時遊刃有餘，得心應手。記住別人的名字並在適當的時候叫出他，也是需要我們掌握的一項和人交往的技巧。這是人際交往中的最基本的禮貌，我們會因記得對方的名字而獲得別人的好感，而且有時還會得到意想不到的收穫。

記住人們的名字，而且很輕易就能叫出來，等於給予別人一個很巧妙而又有效的讚美。但如果把別人的名字忘掉或者寫錯，你會處於一種非常不利的地位。

那麼，如何記住人的名字呢？

卡內基的技巧非常簡單，如果他沒有聽清楚對方的名字，就說：「抱歉。我沒有聽清楚。」如果碰到一個不常見的名字，他會問怎麼寫法；在談話的時候，他會把那個字重複說幾次，試著在心裡把它跟那個人的特徵、表情和容貌記在一起；如果對方是個重要人物，他就把那個人的名字寫在紙上，聚精會神地仔細瞧著，深深地留下印象。然後，再把那張紙條撕掉。就這樣，他對那個名字就不僅有一個耳朵的印象，而且還有眼睛的印象。

做什麼都要付出代價，記住那些人的名字需要花費些時間和精力，因為我們遇見的人很多，辨別他們需要一定的時間。但這樣的代價是值得付出的，正如愛默生所說的：「禮貌是由一些小小的犧牲組成的。」

傑姆很小時就失去了父親，作為家裡的長子，他十歲就到磚廠去工作，從未有機會接受教育，但後來他取得了巨大的成功，美國四所大學贈他學位，他成為民主黨全國委員會主席，美國郵政總監。傑姆最大的才華在於他能叫出五萬人名字，無論什麼時候他遇見一個陌生人，他都要問清那人的姓名，家中人口，職業特徵，當他下次再遇見那人時，哪怕是一年以後，他也能拍拍那人的肩膀，問候那人的妻子兒女，問問對方後花園的花草，難怪他能獲得如此多人的認同。

因此，如果你要獲得好感，記住他人的姓名並十分容易地喊出，就會很快拉近了你和這個人的距離，為你們進一步交往打下了一個很好的基礎。

名字作為每個人特有的標識，是非常重要的。準確地記住別人的名字，不僅是對他們的尊重和對他們的重視，同時也讓別人對你產生更好的印象。

人際交往中，記住別人的名字是以後成為朋友、合作夥伴的第一步。

☆心理學要點：

對自己的名字特別重視，是人們普遍的心理特徵。在交往中，如果你能熟記別人的名字，無形中能為你的形象加分。當然了，忘記別人的名字則是交際大忌。誰願意跟一個連自己名字都不知道的人加深交往呢？

8相互吸引定律：人們都喜歡跟喜歡自己的人交往

人大概都有一些自戀情結。在這個世界上，你最愛的人是誰？恐怕大部分人都會回答是──自己。

這種情況一點也不奇怪，符合人的自我中心的本性。比如，如果別人喜歡我們，就比較容易贏得我們的喜歡，而不管他客觀上是怎樣的人。當然，我們說的是大多數人的情況，而不是所有人。

看看你身邊的人，你想過你喜歡的人通常具有哪些特徵嗎？你喜歡他們，是因為他們漂亮？還是因為他們聰明？或者是因為他們有社會地位？

心理學的研究證實，我們通常喜歡的人，是那些也喜歡我們的人。他們不一定很漂亮、很聰明，或者很有社會地位，僅僅是因為他們很喜歡我們，我們也就很喜歡他們。這個規律就叫做相互吸引定律。

那麼，我們為什麼會喜歡那些喜歡我們的人呢？因為喜歡我們的人使我們體驗到了愉快的情緒，一想起他們，就會想起和他們交往時所擁有的快樂，自然就有了好心情。而且，那些喜歡我們的人使我們受尊重的需要得到了滿足。因為他人對自己的喜歡，是對自己的肯定、賞識，表明自己對他人或者對社會是有價值的。

有這樣一句話：「什麼是好人？對我好的就是好人。」其實這種觀點是很有代表性的。人們大多是以這個標準來衡量周圍的人的。

有些人很善於利用這個心理效應贏得別人的好感。那就是，為了得到別人的認可，就表現出喜歡對方的樣子。比如推銷員，他每天要面對許多從未謀面的人，他也許並不瞭解那些人，但是，他必須表現出對對方的喜歡，這是為了讓對方也喜歡他、接受他，他的生意才好做。

可以說，這個規律在社交場合很具有實用價值。這是贏得別人好感的捷徑。你可以經常表現出對別人的興趣，這就表明對對方有好感，就很容易贏得對方同樣的情感回報。

為什麼說這條定律是來源於人的自戀心理呢？因為當人們發現一個人喜歡自己，不管對方客觀情況是怎樣，是否具有讓自己喜歡的特點，也會無條件地喜歡對方。人們大概會想，既然對方喜歡自己，那麼一定是他在某些方面和自己相似，認可自己的為人和某些特點，那麼自己有什麼理由不同樣喜歡對方呢？

這種心理規律，在某種程度上，也和人們的自信缺乏有關。一個人如果自我尊重程度較強、較為自信，那麼別人表示出來的對他的喜歡和讚揚，對他的影響就不是很大，人際吸引的相互性原則對他的作用也就不是很大。而那些具有較低自我尊重的人，往往不喜歡那些給他們否定性評價的人，因為他們極不自信，所以特別需要別人的肯定，特別看重別人表達的對自己的喜歡。

在實際生活中，嚴格地講，沒有人是完全自信的，因此大多數人都特別需要別人對自己的肯定。

在生活中，有很多這樣的情況，就是兩個人的相互喜歡是由一個人對另一個人的單方面喜歡開始的。比如，一個女孩開始時對一個男孩並沒有多少好感，但是這個男孩子表現出了對她特別喜歡的態度，使這個女孩久而久之也對這個男孩動心了，最後接受了他的追求。

當然，這個規律也不是絕對的：有時我們喜歡某個並不喜歡我們的人，相反，我們不喜歡的人有時卻很喜歡我們。我們只能說在其他一切方面都相同的情況下，人有一種很強的傾向，喜歡那些喜歡我們的人，即使他們的價值觀、人生觀都與我們不同。

☆心理學要點：

自戀情結是人的一種正常的心理行為，每個人都或多或少有一些。正源於此，我們通常所喜歡的人，多是那些也喜歡我們的人。盡力表現出你對他人的喜歡，自然也易於獲得他人的喜歡。

第二章：待人處世心理學：怎樣贏得他人的友誼

第二章　待人處世心理學：怎樣贏得他人的友誼

1　學會尊重：我們只有尊重別人，才會得到別人的尊重

獲得尊重是每個人潛在的心理需求，尊重是相互的，你想要得到別人的尊重，那麼你先要學會尊重別人。一個不尊重別人的人，是絕不會得到別人的尊重的。在人們的交往中，你待人的態度往往決定了別人對你的態度，就像一個人站在鏡子前，你笑時，鏡子裡的人也笑；你皺眉，鏡子裡的人也皺眉；你對著鏡子大喊大叫，鏡子裡的人也對著你大喊大叫。所以，我們要獲取他人的好感和尊重，首先必須尊重他人。

要做到尊重他人，首先必須平等地對待每一個人。從心理學上分析，人都有友愛和受尊敬的欲望，交友和受尊重的希望都非常強烈。人們渴望自立，成為家庭和社會中真正的一員，平等地同他人進行溝通。如果你能以平等的姿態與人溝通，對方會覺得受到尊重，而對你產生好感；相反地，如果你自覺高人一等、居高臨下、盛氣凌人地與人溝通，對方會感到自尊受到了傷害

而拒絕與你交往。

記住，千萬不要傷害對方的自尊，否則，受損失的一定是你自己。

有一位中國留美學生，他常在課餘時間幫一家餐館洗碟子。廚房的監督是一位典型的美國人，很慷慨，但也很嘮叨。他常在留學生工作時站在旁邊「演講」：「你太幸運了，我們的政府批准了你來這裡讀書，現在我又給你一份工作和許多食物，使你連飯錢都省下了……」有一次，這位監督又重複這話時，留學生站起身指著對方說：「再說下去，我就一拳打扁你的鼻子。」從此後，監督再也沒有發表類似的「演講」了，因為他知道了不尊重別人的後果。

與人相識相交，最重要的一條就是要學會尊重、坦誠相待，有道是「人敬我一尺，我敬人一丈」，我們只有尊重別人，才會得到別人的尊重。尊重別人的個性其實是一種包容，我們要相信別人只是遵循了自己的生活方式，表現出自己的這個樣子而已。尊重他人是一種素質、是一種修養、是一種智慧、是一種胸懷，它體現理解、體現信任、體現團結、體現平等。學會尊重別人可以給人以自信，給人以力量和溫暖。

在美國印第安保護區有個原始部落，每逢部落集會時有個規定，就是得赤身裸體地一起活動，這個特別的風俗，讓他們飽受外人的白眼與嘲笑，但即使如此，他們仍然不願改變這個傳統。

有一年，這個原始部落發生瘟疫，全部的族人幾乎都被感染，於是他們決定到鄰近的城鎮裡，邀請一位當地的醫生前來幫助他們治病，然而這位醫生一想到他們的傳統，便感到相當為難，但是，看著跪在地上的求助者，醫生的使命感與責任感不斷地激起，最終他還是勉強地答應了。為了迎接醫生的到來，原始部落的族人們緊急開會，決定為了尊重這位名醫，他們破例穿上衣服。這天，所有人都穿上特別的衣服，有的人甚至打上了領帶，聚集在教堂裡，等待醫生的到來。悠揚的鐘聲響起，醫生緩緩走了進來，然而眼前的情景，卻讓在場的每一個人都愣住了，這也包括醫生本人，因為，當醫生背著沉重的醫療器材走進來時，身上居然一絲不掛。

多麼溫暖的一則小故事，生命裡還有什麼比為了幫助對方，而遷就對方立場更讓人感動的呢？我們都在追求幸福與快樂的生活，但是，什麼是真正的幸福？怎樣才能享受真正的快樂呢？只要用心，我們就能享受真正的快樂與幸福。因為，人與人之間有著絕對的互動關係，那就像彈力球一樣，你用多大的力把它打到牆面，球體便會以相同的力道，從牆面上彈射回來。故事裡的部落族人與醫生，心中都默默地牢記著尊重別人，也自然而然地行動了。

尊重，是一種修養、一種品格、一種對別人不卑不亢的平等相待、一種對他人人格與價值的充分肯定。

任何人都不可能盡善盡美、完美無缺，我們沒有理由以高山仰止的目光審視別人，也沒有資格用不屑一顧的神情去嘲笑他人。假如別人在某些方面不如自己，我們不能用傲慢和不敬去傷害別人的自尊；假如自己在有些地方不如他人，我們不必以自卑或嫉妒去代替應有的尊重。一個真正懂得尊重別人的人，必然會以平等的心理、平常的心情、平靜的心境，去面對所有事業上的強者與弱者、所有生活中的幸運者與不幸者。

也只有尊重別人，人家才會向你敞開心扉，與你交往，也只有學會尊重別人，你才會有真正的朋友。

☆心理學要點：

人敬我一尺，我敬人一丈。與人相識相交，最重要的一點就是要學會尊重，坦誠相待。

2 投射效應：設身處地體會他人的感受，同時也要瞭解其真正的需求

以自己的想法揣度別人，認為自己具有某種特性，他人也一定會有與自己相同的特性，把自己的感情、意志、特性投射到他人身上並強加於人的一種認知心理，是所謂的「投射效應」。

心理學研究發現，投射效應是一種普遍的心理現象，人們喜歡不自覺地把自己的心理特徵歸屬到別人身上，比如，個性、好惡、欲望、觀念、情緒等。這種心理反應到人際交往中，就表現為常常假設別人與自己具有相同的特性、愛好或傾向等，認為別人理所當然地知道自己心中的想法。而這種效應，正是我們應該注意避免的。

一隻小白兔結交了新朋友小山羊，小山羊邀請小白兔到家中做客，小白兔高興地答應了。回到家中，小白兔就想：第一次去別人家做客應該準備點見面禮，於是小白兔特意挑選了幾個又甜又大的胡蘿蔔，準備送給小山羊。第二天，當它到小山羊家把胡蘿蔔拿給小山羊時，小山羊面露難色。於是小白兔就說：「這胡蘿蔔可甜了，是我最愛吃的食物，你肯定也會喜歡的。」小山羊不好意思地說：「謝謝你小白兔，可是我們山羊是不吃胡蘿蔔的啊！」

當然，推己及人，用自己的心意去推想別人的心意，設身處地地去體會別人的切身感受，這固然是件好事，但如果只是自己一廂情願，那就達不到你想要的效果。

在現實生活中，很多人都存在好心辦了壞事的情況。比如，談論自己擅長但別人卻並不感興趣的話題，送禮送自己喜歡的卻沒考慮到別人真正需要什麼。在人際交往中，我們一定要避免這種尷尬出現。

一次，一位文學青年去拜訪一位作家，因為自己喜歡喝茶，而且周圍喜歡文學的朋友都有喝茶的習慣，所以這位年輕人特地買了上等的西湖龍井準備送給這位作家。

一進門，年輕人就滿臉堆笑地把茶遞給了作家，作家客氣了一番，就把茶放在了茶几上。年輕人見作家對這麼好的茶都沒有任何表示，就主動拿起茶，問道：「我想您老一定喜歡喝茶，所以特地托朋友帶來了這種特級龍井茶，這種茶和普通的茶不一樣，它的原材料很講究……」還沒等作家開口，年輕人就開始長篇大論地談論起品茶的心得。本以為自己的一番陳述會引起作家的共鳴，得到作家的認同，沒想到等他好不容易說完後，作家淡淡地笑道：「真不好意思，我不太愛喝茶，所以對茶葉方面的東西沒有什麼研究，你剛才說的那些我都不瞭解。」

年輕人一聽，傻眼了，自己不但沒有贏得作家的好感，反而還在作家不懂的領域大談特談，自己也相當尷尬。後來年輕人知道，不是每一個作家都愛喝茶的，自己喜歡的事並不一定所有人都會喜歡。自己喜歡某一事物，就認定別人也喜歡，於是，在跟他人談論話題的時候，總是離不開這件事，不管別人是不是感興趣、能不能聽進去。這是一種對認知缺乏客觀性的表現，把自己的感情投射到一些事情上進行美化或醜化，就失去了人際溝通中認知的客觀性，從而導致主觀臆斷並陷入偏見的泥潭。

你的一廂情願只會換來別人的滿不在乎，甚至自己的好心被他人當成驢肝肺。但這不是別人的錯，原因在你自己身上。沒有事先做好充分的調查就行動，按自己的主觀臆想去辦事，肯定會碰釘子，結果往往事半功倍。

☆心理學要點：

推己及人可以，但不能一廂情願，要設身處地地體會別人的感受，要清楚別人真正需要的、真正想要的是什麼，才能一擊即中，才能讓自己成為交際群體中最受歡迎的那一個。

推己及人，用自己的心意去推想別人的心意，設身處地地去體會別人的切身感受，這固然是件好事，但如果只是自己一廂情願，那就達不到你想要的效果。

3 超限效應：說話做事要注意對方的心理承受度，不要適得其反

著名作家馬克・吐溫有一次在教堂聽牧師演講。剛開始，他覺得牧師講得很好，很感動，準備聽完以後捐款，並掏出自己所有的錢。

過了十分鐘，牧師沒有講完，馬克・吐溫有點不耐煩了，就決定只捐一些零錢。又過了十分鐘，牧師還沒有講完，馬克・吐溫很不滿意，決定一分錢也不捐。到牧師終於結束長篇演講開始募捐時，馬克・吐溫由於氣憤，不僅沒有捐錢，還從盤子裡拿走了兩塊錢。

馬克・吐溫的這種行為，是因為牧師的演講令他感到過度和不耐煩，從而引起他心理上的「超限效應」，產生了與開始時相反的心理反應。

超限效應告訴我們，人的心理對任何情緒都有一個承受的極限。我們說話

做事要注意對方的心理承受度，不要因為過度而產生適得其反的效果。

生活中常有這樣的現象：一個媽媽三番五次地對孩子說「你要將你的屋子收拾乾淨」，可孩子將媽媽的話當成耳旁風，屋子雜亂依舊；妻子不厭其煩地提醒丈夫「你該戒菸了」，可丈夫「惡習」不改，照樣「吞雲吐霧」；公共汽車一停，售票員一遍又一遍地提醒乘客「請看好自己的物品」，然而乘客依然漫不經心，被盜事件屢屢發生……

過猶不及，凡事適度最好，一旦超過一定限度，事情就會向相反的方向轉化。超限效應提醒我們，我們說話做事如果超過了對方的心理限度，讓對方感到過度，就會產生厭煩的心理現象。因此，無論是在公眾場合講話還是在人際交往中講話，都要注意簡練，不要囉嗦。

譬如，你在做一場報告，或是一場演講，要避免讓聽眾感到不耐煩。你應該在三分鐘內進入你的主題，並以你的魅力抓住聽眾。整個演講的過程要邏輯清晰，層層推進，還要設計語調和意境的變化。演講的重點內容要在三十分鐘內講到，主講內容要控制在四十～五十分鐘。時間一長，聽眾的精神就會疲勞，注意力會分散。有一種人被稱作「麥霸」，就是很戀麥克風，喜歡拖場，卻不知他後面的訊息已經很難被聽眾接受了。學校裡的一堂課之所以設計為四十～五十分鐘，正是基於超限效應的原理。

在與其他人的私人交際中，同樣要注意節奏，控制時間，重要的內容要在前面的三十分鐘充分交流，切忌鋪墊太長。如果你發現對方已經開始看錶，或者注意力開始分散，東張西望，你的談話就要準備收場了。

超限效應在家庭教育中經常發生，是需要家長們格外注意的。比如當孩子不用心而沒考好時，父母會反覆對一件事作同樣的批評，使孩子從內疚不安變成不耐煩，最後產生反感，被「逼急」了，就出現「我偏要這樣」的反抗心理和行為。

曾經發生過這樣一件事，給我們敲醒了警鐘：某學生成績不好，每天母親總是抓住他的缺點不放，放大了，重複地批評。一天，孩子忍受不了母親的嘮叨，竟向母親揮起了拳頭。

為什麼會發生這樣的悲劇呢？從心理角度上講，批評一次，孩子已經得到了應有的懲罰，這個懲罰的效用最大，但是在第二次，還是同樣的內容，厭煩程度在孩子心裡開始倍增，懲罰的效果開始遞減。如果再來個第三次、第四次……那麼批評的積極作用就消失殆盡，即使沒有達到案例中不可收拾的地步，懲罰也打了好幾個折扣了。

看了這個故事，不管是家長還是教師，對那些「吵皮了」的學生發出一聲歎息的同時，是否應反思一下自己，對學生的批評是否太猛烈了呢？理解了這些道理，就不難理解為什麼有的老師惜言如金，卻能得到學生的尊重了。

在工作中，上下級或者同級之間的相處也存在同樣道理。指導你的下屬或者幫助你的同事，也要講究藝術。針對一個問題，可能是他的一個毛病，也可能是你給他的一個建議，要抓住一次機會深深地說透，然後給他時間讓他領會和接受。過一段時間他還沒有改變的話，可以再找一個非正式場合提醒他，點到為止，同時做出想耐心傾聽他意見的樣子。如果他沒有反駁，就可以說明他是會接受的，以後你要做的就是在時間上給他一些壓力，促使他盡快改變，在類似的事情即將出現的時候提前給一個提醒，幫助他克服。

作為管理者，切忌就一個問題在短時間內三番五次地跟別人講，反覆地強調。這樣，你很容易得到「婆婆媽媽」的雅號，還會讓對方對你產生厭煩和逆反的心理，不利於你們日後的溝通與共事。

超限效應對廣告宣傳也有啟示意義。一個創意很好的廣告，第一次被人看到的時候，會令人賞心悅目；第二次被人看到的時候，會讓人用心注意到他宣傳的產品和服務。但如果這樣好的廣告如果在短時間內大密度轟炸，則可能令人產生厭惡之感。所以，廣告宣傳雖然需要有一定的密度，需要從多維度刺激消費者的感官，但也要適可而止。

一旦意識到了超限效應的存在，我們更應在日常交際中注意自己的言行。人同此心，說的還是這個道理。既然你自己都有此感受，想想別人的心理，肯定也是一樣。

☆心理學要點：

任何東西過度了都是不好的。我們說話做事，不要達到讓人厭煩的地步，那樣不但發揮不到應有的效果，還可能起反作用。

4 寬容之心：要有寬闊的胸襟，對他人不能苛求

人要有寬容之心。當我們抓起泥巴準備拋向別人時，首先弄髒的是我們自己的手；當我們拿鮮花送給別人時，首先聞到花香的是自己。

寬容是一種胸懷、一種睿智、一種樂觀面對人生的勇氣，也是利人利

己的法寶。不寬容是一把雙刃劍，是透過懲罰別人的錯誤而懲罰自己。寬容的受益者不僅僅是被寬容的人，寬容別人就是解放自己，還自己心靈一份純淨快樂。

寬容別人一次，自己的精神得到一次昇華；被別人寬容一次，自己的靈魂就得到一次洗滌。生存需要競爭，生活需要寬容。互相寬容的朋友一定百年同舟；互相寬容的夫妻一定百年共枕；會寬容的人，心靈必然純淨，生活必然快樂。

古時候有位老禪師，一天晚上在禪院裡散步，突見牆角邊有一張椅子，他一看便知有位出家人違反寺規越牆出去溜達了。老禪師也不聲張，走到牆邊，移開椅子，就地而蹲。不一會兒，果真有一小和尚翻牆，黑暗中踩著老禪師的背脊跳進了院子。當他雙腳著地時，才發覺剛才踏的不是椅子，而是自己的師父。小和尚頓時驚慌失措，張口結舌。但出乎小和尚意料的是師父並沒有厲聲責備他，只是以平靜的語調說：「夜深天涼，快去多穿一件衣服。」

老禪師寬容了他的弟子。他知道，寬容是一種無聲的教育。

心理學家指出：適度的寬容，對於改善人際關係和身心健康都是有益的。大量事實證明，不會寬容別人，亦會殃及自身。過於苛求別人或苛求自己的人，必定處於緊張的心理狀態之中。緊張心理的刺激會影響內分泌功能，而內分泌功能的改變又會反過來增加人的緊張心理，形成惡性循環，貽害身心健康。有的過激者甚至失去理智而釀成禍端，造成嚴重後果。而一旦寬恕別人之後，心理上便會經過一次巨大的轉變和淨化過程，使人際關係出現新的轉機，諸多憂愁煩悶可得以避免或消除。

寬容，意味著你不會再為他人的錯誤而懲罰自己。

第二次世界大戰期間，一支部隊在森林中與敵軍相遇，激戰後兩名戰士與部隊失去了聯繫。因為這兩名戰士來自同一個小鎮，所以在激戰中還能互相照顧，彼此不分。兩個人在森林中艱難跋涉，他們互相鼓勵、互相安慰。

可是，十多天過去了，他們仍未與部隊聯繫上。幸運的是，他們打死了一隻鹿，依靠鹿肉又艱難度過了幾天。可也許是戰爭使動物四散奔逃或被殺光，這以後他們再也沒看到過任何動物。他們僅剩下的一點鹿肉，背在其中一個年輕戰士的身上。這一天，他們在森林中又一次與敵人相遇，經過再一次激戰，他們巧妙地避開了敵人。

絕處逢生，兩個人大大地鬆了一口氣，就在他們自以為已經很安全的時候，只聽一聲槍響，走在前面的年輕戰士中了一槍，幸虧傷在肩膀上！後面的士兵惶恐地跑了過來，他害怕得語無倫次，抱著戰友的身體淚流不止，並趕快把自己的襯衣撕下包紮戰友的傷口。

晚上，未受傷的士兵一直念叨著母親的名字，兩眼直勾勾的。他們都以為他們熬不過這一關了，盡管饑餓難忍，可他們誰也沒動身邊的鹿肉。天知道他們是怎麼熬過的那一夜，第二天，部隊救出了他們。

後來，他們一直是最好的朋友，直到三十年後，那位沒有受傷的戰士去世了。那位受傷的戰士安德森才說出了這樣一個秘密：「我知道誰開的那一槍，就是我的戰友。當時在他抱住我時，我碰到他發熱的槍管。我怎麼也不明白，他為什麼對我開槍？但當晚我就寬容了他。我知道他想獨吞我身上的鹿肉，我也知道他想為了他的母親而活下來。此後三十年，我假裝根本不知道此事，也從不提及。戰爭太殘酷了，他母親還是沒有等到他回來，我和他一起祭奠了老人家。那一天，他跪下來，請求我原諒他，我沒讓他說下去。我們又做了幾十年的朋友，我寬容了他。」

生活在社會中，並非躑躅獨行，在熙熙攘攘、摩肩接踵之中，難免會有磕磕碰碰。倘若氣量狹窄、睚眥必報，不僅會給彼此的成功增添不少麻煩，而且必會致氣鬱於胸，日久成疾，對自己實在是莫大的傷害。

《菜根譚》上說：「處世讓一步為高，退步即進步的張本。待人寬一分是福，利人是利己的根基。」真是一語中的。凡事退一步，就為自己的前進清除了前行的障礙；對人讓一分，才會有利人利己的雙贏。寬容別人其實就是寬容自己，一個人只有心胸豁達、氣度超然、肯於寬容別人，才能為自己的成功鋪就一條寬闊的道路。

寬容是一種博大，它能包容人世間的喜怒哀樂。只有寬容，才能癒合不愉快的創傷；只有寬容，才能消除人為的緊張。

但是，有一點要指出的是，寬容絕不是無原則的寬大無邊，並不意味著對惡行的遷就和退讓，也非對自私自利的鼓勵和縱容，而是建立在自信助人和有益他人基礎上的適度寬大。

誰都可能遇到形勢所迫的無奈、無可避免的失誤、考慮欠妥的差錯，面對這種情況應該寬容；而對於那些蠻橫無理和屢教不改的人，則不應該手軟。

☆心理學要點：

寬容別人其實就是寬容自己，一個人只有心胸豁達、氣度超然、肯於寬容別人，才能為自己的成功鋪就一條寬闊的道路。

5 讓步效應：給人以心理上的台階，讓他覺得占到了便宜

心理學家認為，在日常生活中，在向別人提出自己真正的要求之前，先向別人提出一個大要求，待別人拒絕以後，再提出自己真正的要求，會讓別人愉快地接受。這好比在他人的心裡搭建一個階梯，給別人留有緩和的餘地。

一架班機在即將著陸時，空姐忽然報告：由於機場擁擠騰不出地方，飛機暫時無法降落，著陸時間將推遲一小時。頓時，機艙裡乘客們響起一片喧嚷抱怨之聲。盡管如此，乘客們也不得不做好心理準備：在空中等上這令人難熬的一小時。

誰知幾分鐘之後，空姐又向乘客宣佈：晚點時間將縮短到半個小時。聽到這個消息，乘客們都如釋重負地鬆了口氣。又過了幾分鐘，乘客們再次聽到機上的廣播說：「最多再過三分鐘，飛機即可著陸。」這一下，乘客們紛紛喜出望外，拍手稱慶。雖然飛機最後仍是晚點，但乘客們反而感到慶幸和滿意。

空姐對乘客的這種提前預告，使乘客的心理一次次減負，雖然最後還是延遲了三分鐘，但乘客卻相當開心，因為他們不必等一個小時了。這就是一種

讓步效應的反應。

在人際關係中，懂得運用讓步效應的人是聰明的，因為這樣會給人造成錯覺，讓別人覺得占了便宜，你的目的就會輕而易舉地達到。很多商家就是利用了這種效應從而取得了較大的商業利潤。如每到節假日，商家就會打出全場打折的促銷手段。人們看到打折後的價格和原價的差別，就認為自己在這時候買東西是占了大便宜，便不假思索地大肆購買。商家正是看到了人們的這種心理，很好地利用了讓步效應，最後賺得盆滿缽滿。

給顧客一個講價的空間，就能很輕易地談成交易，這就是「讓步效應」的神奇功效。所以，做生意的人一定要學會出高價，讓顧客有砍價的餘地，給顧客一個可以下的台階，讓顧客滿意買走東西的同時，自己也賺取了相當的利潤。

有時你拒絕了別人的要求，但又會因為自己沒有能夠幫助別人，辜負了別人對自己的良好期望，會感到一點內疚。這時，為了在別人心中保持「樂於助人」的良好形象，也達到自己的心理平衡，你可以滿足一些比之前那個要求小一些的要求，這樣別人同樣會感激你。總之，掌握好讓步效應的人，才會在人際交往中如魚得水。

☆心理學要點：

先向別人提出一個大要求，待別人拒絕以後，再提出自己真正的要求，會讓別人愉快地接受。這好比在他人的心裡搭建一個階梯，給別人留有緩和的餘地。

6 吃虧不虧：做人做事應該明裡吃虧、暗中得利

人們相互交往，有得大於失，也有失大於得，顯而易見，大多數人都傾向於尋求前一種關係，對於後者，則傾向於疏遠和逃避，甚至中止這種關係。只有當別人覺得與你交往是值得而獲利的，他們才會樂意與你結交。瞭解了人們的這種心理，就要求我們在必要的時候能做出一些自我犧牲。這種自我犧牲也是以進為退的技巧，看起來好像自己吃了點虧，但會因此獲取別人的好感，贏得好人緣，以後發展的道路也將被拓寬。所以說，吃虧並不是真的吃虧，這是對人們心理上的一種隱性投資。

島村芳雄是日本一位著名的商人。他開始在一家包裝材料廠當店員，後來

改行做麻繩生意。為了在激烈的競爭中開拓自己的市場，島村芳雄開始了他獨特的「吃虧經營」方式。

島村芳雄以五毛錢的價格到麻繩廠大量購進麻繩，然後他一分不賺地按原價賣給附近的工廠。因為他的價格是最低的，所以贏得了許多客源。他就這樣完全無利地經營了一年的麻繩，日子久了，「島村的繩索確實便宜」的名聲遠播，訂貨單從各地雪片般飛來。島村沒有一直保持現狀，他開始積極作為。於是他拿之前的收據存根去找麻繩廠商洽談：「你們賣給我一條五毛錢，我一直是原價賣給別人，沒有賺一分錢。這賠本的生意再繼續做下去，我只有關門倒閉了。我手上的客戶最多，如果你們不想失去我這個老客戶，應該做出些表示吧？」

廠方一看他開給客戶的收據，知道他沒有說謊，這樣甘願不賺錢的生意人，麻繩廠還是第一次遇到，於是毫不猶豫地一口答應他一條少算五分錢。

島村又拿著購貨收據到訂貨客戶處說：「我之前是按原價賣給你們的，但是這樣讓我繼續為你們服務的話，我便只有破產一條路可走了。」客戶聽後為他的誠實所感動，甘願把交貨價格提高為五毛五分。

如此一來，島村每條麻繩就淨賺一毛錢。創業兩年後，島村就成了為譽滿日本的成功生意人。他這種吃虧的行銷策略，就是商界著名的「原價銷售術」。

就這樣，島村以這種先賠錢獲得客源和廠商後創造利潤的經營理念來與別人競爭，生意越做越大，投資領域越來越廣，後來他一手創建了日本東京島村產業公司。

由此可見，「吃虧」會讓你贏得別人對你的尊重和信賴。做出自我犧牲，別人才會覺得你大度、重感情，這樣你在人際中的地位就會逐漸上升。沒有人願意同一個斤斤計較、愛占小便宜的人交往。所以一個人如果凡事都抱著不吃虧的態度，其實是一種目光短淺的行為。

主動吃一點虧，讓別人得一點利，從長遠來看，你得到的遠遠比失去的多。如果你能滿足人們的這種心理，就一定能獲得他們的好感和信賴，這對以後你們之間的交往非常有利。

如果你能夠不計較個人得失，多為客戶的利益著想，那麼你必然能夠贏得對方的信任，同時還有好的口碑，生意當然會越做越大。平心靜氣地對待吃虧吧，這會為你在人際交往中帶來更豐富的人脈資源，贏得更多真心幫你的朋友。

需要注意的是，在你吃虧的時候，不要表現出施捨的樣子，沒有人會接受著這樣的便宜，還要注意不要急於獲得回報。當然，只顧付出、不求回報的人是很少的，但是，急於回報的人往往因為其功利心太重而被別人瞧不起，這樣，即使你做了犧牲，別人也不會領情。

「吃虧」將帶給人們一個美好的人際關係世界，而那些喜歡佔便宜的人往往就是因不顧自己的形象和名譽而破壞了自己的人際關係的。記住，吃虧就是投資。做人做事就應該明裡吃虧、暗中得利。

☆心理學要點：

主動吃一點虧，讓別人得一點利，從長遠來看，你得到的遠遠比失去的多。如果你能滿足人們的這種心理，就一定能獲得他們的好感和信賴，這對以後你們之間的交往非常有利。

7 感情投資：真誠關心，培養感情，換來對方由衷地喜歡和支持

若想得到他人的理解和支持，就一定要先關心和尊重他人，因為關心就是

一顆糖衣炮彈。只有這樣，你才能與別人的心貼得更近、感情基礎更為牢固，別人也會更加喜歡和支持你。如果只是在需要時才開始關心別人，或者總是希望人家對你平時的小恩小惠感恩戴德，時刻想著別人怎樣來報答你，那麼你註定會失敗的。

真誠地關心就像是一把萬能鑰匙，能夠為你打開別人的心鎖。人心都是相通的，只有你對別人的關懷是真誠的，對方才會順從你、理解你。

據說中國古代的錢幣鑄造注入了孔子的理念，因為孔子說過「做生意之人外表也許不得不圓滑，但內心一定要方正」，所以錢財被鑄成外圓內方的形狀，並被尊稱為「孔方兄」。想要做一名出色的商人，內心也應做到「外圓內方」。小事上可以採取圓滑的策略，但是在大事上一定要做到「關心他人」，以你的關心換取顧客和員工的忠誠。

如果每一個商人都能夠主動關心手下人，手下人也將會知恩圖報，樂意為你效勞，並且與你風雨同舟。

關心不是急功近利。人情投資應堅持「長線」策略，這是凝聚人氣、有效積累人脈資本的重要理念。一個人想在事業上人緣上多得，就要學會多給予對方，持之以恆地給予，這樣在關鍵時刻你才會有意想不到的收穫。如果你能注重長期人情方面的投資，與客戶和員工們以誠相見、感情相通，你的機遇或許就會由這些人創造。

關心不是擺花架子、做表面文章，「路遙知馬力，日久見人心」，感情投資需要較長時間才能結出果實，畢竟人與人之間的理解與信賴需要一個過程。

每個人處事的方式都不盡相同，有時候你對別人關懷，反而會換來他們的漠然視之和「虛偽」的諷刺。這個時候，你應當堅信「精誠所至，金石為開」，只要你的關心關懷是真誠的，總有一天會改變這些人的看法。

關心，必須學會以心換心、以情動情。感情作為聯繫人際關係的紐帶是可以相互影響的，當你想讓別人理解、尊重、信任或支持的時候，你必須先做到理解、尊重、信任和支持別人。有投入才會有產出，有耕耘才會有收穫，不撒種子，何來果實？

每個人都希望得到平等的待遇，但只有從思想上理解他人，從生活中關心他人，在工作上信任他人，才能使其在精神需求上得到滿足，他人才會成為你的知心朋友，繼而在組織內部形成親切、和諧、融洽的氣氛，內耗就會減少，凝聚力和向心力便會大大增強。

中國民諺上常有「投之以桃，報之以李」、「你敬我一尺，我敬你一丈」的說法，而在現實的為人處世心理學中，每個人都應該注意進行人情方面的投資，因為建立好人際關係才是自己最為雄厚的資本，才可能令事業立於不敗之地。

☆心理學要點：

人與人之間，感情是建立良好關係的樞紐。那些精通為人處世之道的人，總是特別注重與人培養感情。盡管感情投資並不能立竿見影、馬上奏效，但是牢固的人情關係一旦建立起來，將會對事業發展產生不可估量的巨大價值。

8 互惠效應：得到別人的好處後，會感到有回報的義務

在第一次世界大戰中，有一種德國特種兵的任務是深入敵後，去抓俘虜回來審訊。當時打的是塹壕戰，大隊人馬要想穿過兩軍對壘前沿的無人區，是十分困難的。但是一個士兵悄悄爬過去，溜進敵人的戰壕，相對來說就比較

容易了。參戰雙方都有這方面的特種兵，經常派去抓一個敵軍的士兵，帶回來。

有一個德軍特種兵，以前曾多次成功地完成這樣的任務，這次他又出發了。他很熟練地穿過兩軍之間的地域，出乎意料地出現在敵軍戰壕中。一個落單的士兵正在吃東西，毫無戒備，一下子就被繳了械。他手中還舉著剛才正在吃的麵包。這時，他本能地把一些麵包遞給對面突然而降的敵人。這也許是他一生做的最正確的一件事了。面前的德國兵忽然被這個舉動打動了，並導致了他奇特的行為─他沒有俘虜這個敵軍士兵回去，而是自己回去了，雖然他知道回去後上司會大發雷霆。

這個德國兵為什麼這麼容易就被一塊麵包打動呢？這其實也並非多麼地不可思議。人一般有一種心理，就是得到別人的好處或好意後，就想要回報對方。雖然德國兵從對手那裡得到的只是一塊麵包，或者他根本沒有要那個麵包，但是他感受到了對方對他的一種善意，即使這善意中包含著一種懇求。但這畢竟是一種善意，是很自然地表達出來的，在一瞬間打動了他。他在心裡覺得，無論如何不能把一個對自己好的人當俘虜抓回去，甚至要了他的命。

其實這個德國兵不知不覺地受到了心理學上「互惠效應」的影響。這種得到對方的恩惠，就一定要報答的心理，就是「互惠效應」。

一位心理學教授做過一個小小的實驗。他在一群素不相識的人中隨機抽樣，給挑選出來的人寄去了聖誕卡片。雖然他之前估計會有一些回音，但卻沒有想到大部分收到卡片的人，都給他回了一張。而其實他們都不認識他

給他回贈卡片的人，根本就沒有想到過打聽一下這個陌生的教授到底是誰。他們收到卡片後，自動就回贈了一張。也許他們想，可能自己忘了這個教授是誰了，或者這個教授有什麼原因才給自己寄卡片，但不管怎樣，自己不能欠人家的情，要給人家回寄一張，總是沒有錯的。

這個實驗雖小，卻證明了互惠效應的作用：當從別人那裡得到好處，我們總覺得應該回報對方。如果一個人幫了我們一次忙，我們也會幫他一次，或者給他送禮品，或請他吃飯。如果別人記住了我們的生日，並送我們禮物，我們對他也會這麼做。

中國古代講究禮尚往來，這也是互惠效應的表現。這似乎是人類行為不成文的規則。

一個人向朋友請教一件事，兩人聚會吃飯，那麼帳單就理所當然應由請教人的這個人付，因為他是有求於人的一方。如果他不懂這個道理，反而讓對

方付，就很不得體。

在不是很熟悉的朋友之間，你求別人辦事，如果沒有及時地回報，下一次又求人家，就顯得不太自然。因為人家會懷疑你是否有回報的意識，是否感激他對你的付出。及時地回報，可以表明自己是知恩圖報的人，有利於相互的繼續交往。如果不及時回報，會給你帶來一些麻煩。你一直欠著這個情，如果對方突然有一件事反過來求你，而你又覺得不太好辦的話，就很難拒絕了。俗話說：「受人一飯，聽人使喚。」可以說，為了保持一定的自由，你最好不要欠人情債。

當然，在關係很親密的朋友之間，就不一定要馬上回報，那樣可能反而顯得生疏，但也不等於不回報，可選擇適當的時機，再回報。

人與人之間的互動，就像坐蹺蹺板一樣，要高低交替。一個永遠不肯吃虧、不肯讓步的人，即使真正得到好處，也是暫時的，遲早要被別人討厭和疏遠。

☆心理學要點：

當從別人那裡得到好處，我們總覺得應該回報對方。所以，主動給予對方一些好處，你的好心決不會白費的。

9 助人思維：幫助別人的時候，受益的常常是我們自己

有一個人死後被帶去觀賞天堂和地獄，以便比較之後能聰明地選擇他的歸宿。他先去看了魔鬼掌管的地獄。第一眼看去，令人十分吃驚，因為所有的人都坐在酒桌旁，桌上擺滿了各種佳餚，包括肉、水果、蔬菜。

然而，當他仔細看那些人時，他發現沒有一張笑臉，也沒有伴隨盛宴的音樂或狂歡的跡象。坐在桌子旁邊的人看起來沉悶，無精打采，而且個個皮包骨。這個人發現每人的左臂都捆著一把叉，右臂捆著一把刀，刀和叉都有四尺長的把手，使它不能用來吃。所以即使每一樣食物都在他們手邊，結果還是吃不到，於是大家都在挨餓。

然後他又去天堂，情景都差不多：同樣食物、刀、叉與那些四尺長的把手。然而，天堂裡的居民卻都在唱歌、歡笑。這位參觀者困惑了。他疑惑為什麼情景相同，結果卻如此不同：在地獄的人都挨餓而且可憐，可是在天堂

的人吃得很好而且很快樂。

後來，他終於看到了答案：地獄裡每一個人都試圖餵自己，可是一刀一叉以及四尺長的把手根本不可能吃到東西。天堂上的每一個都是餵對面的人，而且也被對面的人所餵。因為互相幫助，結果幫助了自己。

這個啟示就很明白。如果你幫助其他人獲得他們需要的東西，你也會因此得到想要的東西，而且你幫助的人越多，你得到的也越多。

而幫助他人使自己受益的例子可以說俯拾即是：

許多年以前，在北維吉尼亞，一個老人站在一條河的岸上等著過河。由於天氣非常冷，河上又沒有橋，他必須得騎馬過河。長時間的等待之後，他終於看到一群騎馬的人走過來。第一個過去了，第二個過去了，第三個，第四個，第五個都過去了。最後，只剩下了最後一個騎馬人。當他走到老人面前時，這個老人看著他的眼睛說：「先生，你能讓我騎馬過河嗎？」

那個騎馬的人毫不猶豫地說：「當然可以，上馬吧。」

過了河，老人就下了馬。在他離開之前，那個騎馬的人問：「先生，我看到您讓其他騎馬的人從您面前走過卻不叫住他們，當我走過時您卻叫住了我，我很想知道這是為什麼？」

老人平靜地回答說：「我在他們的眼睛裡沒有看到愛，我心裡知道即使我向他們提出要求，他們也不會答應的。但是在你的眼睛裡，我看到了同情、愛和熱心，因此，我知道你會樂意幫助我過河的。」

聽完這些話，騎馬的人非常謙恭地說：「我很感激你剛才說的話，它讓我明白了做人的道理。」正是帶著這句話，這個騎馬的人──湯瑪斯・傑裴遜──走進了白宮，開始了執政生涯。

哈威・法拉斯通，這位幫助人們登上了成功的巔峰的人，曾有一句精彩的話：「往往是這樣：你把最好的東西送給別人，你就會得到別人身上最好的東西。」

有這樣一個故事：

南邊墓地的守墓人每個星期總會準時收到一封來信和一些買花的錢；一位信裡署名為「可憐的老太」的人，托他每星期給她相依為命卻睡到墓地裡來的兒子哈里獻上一束花。老實的守墓人每次收到信與錢，總會買束鮮花送到哈里墓前。

一天，「可憐的老太」終於露面了，她坐著小車來到墓地，卻沒下車，派開車司機來請守墓人說：「那位托你每星期給她兒子送花的婦人，請你到她那兒說幾句話，因為她腿癱瘓了，行走不便。」

守墓人跟著司機來到那位「可憐的老太」面前，這是一位上了年紀身體很差的老太太，高貴的臉部表情掩飾不了她對生活的絕望和病痛留下的印記。

「我是那位寄信的老太，」她斷斷續續地說，「這幾年麻煩你了。」

「我每星期都按時送花。」守墓人說。

「謝謝你。」她接著說，「醫生說我將不久人世，死了倒也好，我活在世上對這個世界來說已無一點意義。只是，我惦記著將沒人再給我兒子送花了。」

守墓人忽然問道：「夫人，你去過孤兒院嗎？那裡的孩子都沒父母。」

「孤兒院？」

「夫人，恕我冒昧，」守墓人說，「在我這兒睡著的人，有哪個是活著的？與其把鮮花大把大把地送給那些死去並不能體味生者痛苦與快樂的人，不如把買花的錢留著給那些活著的人。」

「可憐的老太」聽了守墓人的話，半天不言語，叫司機開車走了。

守墓人心想：自己的話可能說過頭了，對一個臨死的孤寡老人而言。

沒想到過了幾個月，那輛小車又載著「可憐的老太」來到墓地，這次開車的不是那個司機，而是「可憐的老太」自己。

她與高采烈地跳下車，神采奕奕地對守墓人說：「嘿，你的建議創造了奇蹟。我把錢全部捐給了孤兒院，那裡孤兒的快樂深深感動了我，讓我覺得我還有些用處，更想不到這種幫助他人得到的好處，竟奇蹟般治好了我的腿。」

還有一個故事也講到了幫助別人的重要性：

一個掛著北風的寒冷夜晚，路邊一間簡陋的旅店迎來一對上了年紀的客人，不幸的是，這間小旅店早就客滿了。

「這已是我們尋找的第十六家旅社了，這鬼天氣，到處客滿，我們怎麼辦呢？」這對年老的夫妻望著店外陰冷的夜晚憂愁。

店裡的小夥計不忍心這對老年客人受凍，便建議說：「如果你們不嫌棄的話，今晚就住在我的床鋪上吧，我自己打烊時在店堂打個地鋪就行。」

老年夫妻非常感激，第二天照店裡價格要付客房費，小夥計堅決拒絕了。臨走時，老年夫妻開玩笑似地說：「你經營旅店的才能真夠得上當一家五星級酒店的總經理。」

「那好！起碼收入多些可以養活我的老母親。」小夥計隨口應和道，哈哈一笑。

沒想到，兩年後的一天，小夥計收到一封寄自紐約的來信，信中夾有一張來回紐約的雙程機票，信中還邀請他去拜訪當年那對睡他床鋪的老夫妻。

小夥計來到繁華的大都市紐約，老年夫妻把小夥計引到第五大街三十四街交匯處，指著那兒一幢摩天大樓說：「這是一座專門為你興建的五星級賓館，現在我正式邀請你來當總經理。」

年輕的小夥計因為一次舉手之勞的助人行為，美夢成真。

為此，哲人說：「幫助別人的時候，受益的常常是我們自己。」

☆心理學要點：

如果你幫助其他人獲得他們需要的東西，你也會因此得到想要的東西，而且你幫助的人越多，你得到的也越多。

10 求同存異：把自己融入對方，減少差異，達成共識

一位美國作家的兒子迷上了棒球，而這位作家對此毫無興趣。然而，一年

夏天，他卻帶他的兒子逐一觀看每次主要棒球聯合會隊的比賽。一共用了六個多星期的時間，花了很多錢。但這一活動有力地加深了他們的關係。

作家回來後，有人問他：「你這麼喜歡棒球嗎？」

「不喜歡，」他回答說，「但我非常喜歡我的兒子。」

生活中，我們往往根據我們自己的經歷感受，去揣摩他人的願望或需要。我們以我們的意圖來設想他人的行為。我們根據我們自己現在，或在類似年齡，類似生活階段的需要與願望來理解別人的感情。

俗話說：「欲人施於己者，己必施諸人」。盡管從字面看，此句話可意為，為他人做你希望他人為你做的事情。但其更加實質性的意思是，以你希望得到別人理解的方式，來深刻理解具有獨立人格的他人，然後根據這種理解對待他們。正如一位稱職的家長就教養兒女問題所說的那樣，「對孩子要區別對待，一視同仁」。

一位少年正與一位老人爭辯。

「哈哈！太陽圍著我轉了八十多年了，我還沒有死，今後，它說不定還會圍我轉二十年呢。」老人得意洋洋地說。

「不對，是你圍著太陽轉了八十多年了！」少年說。

「什麼？我圍著太陽轉？胡說八道！我每天搬個小凳坐在院子裡，太陽從東邊升起，從西邊落下，明明是我不動，太陽動，你怎麼說我圍著它轉？」

「那不是太陽在動，是地球在動，你每天坐在地球上，圍著太陽，旋轉八萬里呢！」少年說。

「你說地球會轉？」

「對！它不僅會圍著太陽轉，而且自己也會轉。」

「那我怎麼沒從地球上跌下去？」老人不服氣地說。

「那是因為地球的引力。」

「地球的引力？那它怎麼沒把月亮、星星引到地球上來？」老人反駁道。

「那是因為地球的引力也是有限的……」

「有限的？誰限制了它？天底下難道有人在限制地球？」老人爭道。

「那是……」少年盡自己所知，向老人解釋著，與他爭辯著。

最後，老人無話可說，只歎氣道：

「唉！活了八十多年，居然被太陽和地球騙了八十多年！」

「不！它們沒騙你，是你自己把它們看錯了。」

「可是，我又怎麼會看錯呢？」老人不解。

「那是您站的角度不同；假如您不是站在地球上，而是站在太空另一個星球上，那麼，情況就又大不一樣了呢！」少年說。

「說的是呀，」老人若有所思，「世上之人看事情也是如此，只因站的角度不同，往往把一個事物看得天差地別，還以為自己受了它們的欺騙，實際上，錯在我們自己呀。」

與人相處，如果總是在強調差異，你們就不會相處融洽，強調差異會使人與人之間距離越來越遠，最終走向衝突。反之如果把注意力放在別人和自己的共同點上，與人相處就會容易一些，我們和難纏的人有衝突，我們和朋友就會有衝突，差別在於和朋友間的衝突會因彼此共同的立場觀點而緩和，而和難纏人物的衝突就不易找出共同點來。

要記住，誰也不會去和跟自己作對的人合作。

尊重這些差異，關鍵是要意識到—所有人看待世界都不是客觀地去看，而是主觀地去看。

兩個人可能觀點不一，而雙方又都可能是正確的，這種現象不符合邏輯，但符合心理學。這種情況確確實實地存在。

要減少差異就要設身處地為別人著想，以達成共識。為別人著想，就會產生同化，彼此間的關係就會更加融洽。

同化就是找共同點。通常，我們總會在無意間詢問別人好多問題，透過詢問，我們發現雙方有著共同的衣著習慣，共同的電腦品牌，都喜歡喝某種飲料，吃某種麵包。發現了一些共同點，我們就會不知不覺去掉戒備，談話變得非常投入、專注與忘我。

把自己融進對方，讓倆人變為一人。這個時候，無需懇求、命令，倆人自然就會齊心去做某件事情。

☆心理學要點：

強調差異會使人與人之間距離越來越遠，最終走向衝突。反之如果把注意力放在別人和自己的共同點上，與人相處就會容易一些。

11 合作思維：社會是共生的，人們需要充分合作

我們大概都經歷過這樣的場景：在上公共汽車時，明明知道依次上車會更

快，可是當一看到車進站後眾人仍會情不自禁地蜂擁而上，結果上車速度反而會下降。

這是因為，人們心裡最關注的是：憑什麼他先上，而不是我先上？這樣競爭的心理占了上風，人們就爭先恐後，結果導致大家都上得慢了。

再看另外一個例子。一對美國夫妻離異，根據法官的判決，丈夫應該把自己財產的一半轉讓給妻子，因此，丈夫開始出售自己的車、房。為了不讓妻子平白無故地得到一大筆財產，丈夫將自己價值幾百萬美元的車子和房子賤價出售。妻子固然沒有得利，但丈夫也損失了一大筆。

丈夫為了讓妻子無法得到財產，而寧可自己損失財產。這是由於仇恨，使競爭的需要超過了合作的需要，從而做出損人不利己的事來。不可否認，競爭是人類一種與生俱來的品質，沒有它，雖然沒有了嫉妒、仇恨，但是人類的進取心就會小很多，也就沒有了效率、成績。

在競爭的狀態下，大家都爭先恐後地去爭取成功、勝利，於是形成一種生氣勃勃、人人爭先的局面，從而產生一種激勵作用。體育比賽的新紀錄之所以總是在激烈的國際大型比賽中產生，正是因為在國際大型體育比賽中競爭激烈，人們往往把全身的體力、心力激發起來去奪取勝利，而使奇蹟得以出現。

可見，競爭是推動社會前進的強大精神動力。競爭在人類社會中的積極作用是不可否認的。但是，同時我們也應該意識到，和競爭相反的「合作」，也是生活中必不可少的。

合作的力量也是非常巨大的。社會是共生的，像一架大鋼琴，每個人都是琴上的鍵。上面既需要高音琴鍵，也需要中音和低音琴鍵，各鍵只有依據曲本的要求，對準屬於自己的音，才能奏出美妙的曲子，這就需要合作。誠如俗話所說，「一木難支大廈」，「一個人玩不成棒球」。

就拿棒球為例吧。棒球隊由九個人組成，每個人所處的位置都不同，九個人必須依靠「合作」來與其他隊「競爭」，合作作為當然的原則而被強制執行，不合作就不可能勝利。

同樣是人類，既懂得競爭，也懂得合作。那麼人們一般是在什麼情況下選擇競爭，什麼情況下選擇合作呢？心理學家的研究證實，選擇競爭還是合作，是由以下這些因素決定的：刺激、對方的力量、交流資訊和個性特徵等。

首先是刺激，包括對個體有益或有害的刺激，如獎勵或懲罰，利益的得到或失去。如果對合作增加有益的刺激，選擇競爭的趨勢就會下降。

其次是對方的力量。在社會環境中，人們往往根據力量對比的大小，來決定自己應該選擇競爭行為還是合作行為。如果對方的力量實在太大，那麼，自己多半會選擇與之聯合共同完成任務，不願拿雞蛋去碰石頭。但如果人們自己有更大的力量時，多半會採取競爭。看來，有權力的一方一般更容易得到合作。

再次，資訊交流可以大大增強合作行為。如果雙方不進行資訊交流，那麼一般會認為對方將採取競爭。如果對方選擇競爭，自己即使不喜歡競爭也只好被迫參與。但是如果雙方可以進行資訊交流，坦誠相待，彼此信任，就利益分配問題進行商量，達成共識，合作的可能性就會大大增加。從上面的心理實驗就可以看出，如果實驗中的學生們互相溝通、商量，就可以做出對彼此都更有利的選擇。

最後，人的個性在很大程度上也影響著一個人採取合作行為還是競爭行為。一般的狀況下，成就動機高、一心想做出優異成績的人更容易競爭；而交往動機強、需要朋友、比較謙虛的人，多半選擇合作。

為了消除「競爭優勢效應」的負面作用，就要推崇「雙贏」理論。合作，應該成為集體的主旋律，合作為我們每一個人營造了一個發展的空間。著名的心理學家榮格有這樣一個公式：「我＋我們＝完整的我」。絕對的我是不存在的，只有融入我們的「我」，與周圍的人友好相處，精誠合作，實現優勢互補，才能在競爭中共同發展。

☆心理學要點：

人們為了自己的利益，常常更傾向於與別人競爭。但是純粹的競爭往往導致兩敗俱傷。拋開分歧，放下狹隘的利己思想，敞開合作的懷抱，會讓你得到更多。

12雙贏法則：在尊重各自利益訴求的基礎上追求更大的共同利益

人際關係的專家認為：「維護自己的權益不僅是一種行為，也是一種心理狀態。」它的基本觀念在於，相信人生來即具有某些天賦權利，如：有自己的意見、能表達看法、勇於負責、偶爾犯錯，或能改變心意，做出決定，以自己的標準來評斷自己和不需感覺罪惡地說「是」或「否」的權利。

沒有為自己的權利據理力爭，會讓你淪為受害者的下場。受害者讓別人有機可乘，使自己的需求無法充分表達；或是態度卑恭，讓人不由藐視、忽略你的存在。受害者的言行舉止不斷傳送一個訊息：你比我重要；你的想法比我的有份量，你的喜好比我的更應該受到重視；我一點也不重要。盡管差遣、利用我吧！受害者的最大報酬就是可以避免衝突，而且幾乎不必為自己的行為負責。

為了維護自己的權益而傷害別人的權利，不啻是把自己貶為惡霸。惡霸就是假裝勇敢的懦夫。因為害怕失控，他們把挑戰當作是對個人的威脅；他們以羞辱、貶抑或其它種種貶低他人的方法，來攻擊對方。惡霸的言行舉止在傳達著：我沒有問題，是你有問題；我的方式正確，可是你的方式，只是你個人的方式；我想要的東西比你需要的東西還重要；不同意我的人，不是笨蛋，就是壞蛋。惡霸所能得到的好處就是處處占上風，或是他們自以為總壓得過別人。惡霸常會樹立真正的敵人，等著趁其不備攻擊其最在乎的痛處。面臨壓力時，我們的反應往往不是把自己變成受害者就是惡霸。而如何在兩者之間取得均衡，是最困難的一部分。同情而不軟弱，立場堅定而細心體察他人需要，這就是所謂的「維護權益」。

維護權益是指誠實、直截了當、而且尊重他人權利的行為，最終目的在於找雙贏結果，以增進人與人之間的互信合作。

要正確維護自己的權益，你需要做到：

第一，思想積極

維護權益必須先從你自己內在做起。問題不僅在於你的表達方式、你是什麼樣的人。如果你是那種因為害怕失敗而常常自圓其說、自欺欺人的人，維護自身權益的舉動就會顯得造作。你的話聽起來就會像照著劇本念起來的對白，行為舉止看起來也會非常笨拙，就好像把衣服給穿反了。

雖然你對某些事情感受強烈，但是你可以改變對這些事情的反應方式。改變你對某人或某事的反應，可讓你從不同的角度來看人或看事。運用你的想像力，想像你說話得體舉止得當的成功景象。你的想像愈逼真、期望愈樂觀，成功機率就愈大。

第二，為別人設想

如果你瞭解並考慮到別人的立場，別人就較易接受你維護自身權益的舉動。例如同事請你幫他做一個案子，可是你很擔心自己的案子無法及時完成。你可以同意幫忙同事，之後再做自己的案子，但是你很可能沒時間修改自己的案子（成為受害者）；你也可以告訴同事，別指望你會幫他，你自己都泥菩薩過河—自身難保了（非常有力的反擊），不過保證你以後別想指望這個人會幫你，除非這個人屬於受害者型；又或者態度堅定地告訴對方（坦白、直接，但又不失同情）：「我們兩人可以一起工作，讓兩人的案子都能如期完成。」

第三，爭取權益時要注意時機

如果你必須和某人談判，要避免：

在餐廳碰面（太多干擾）；

坐在桌子後面（你要的是建立溝通的橋樑，而不是障礙）；

在下班時間（這時大家身心俱疲，只想快點回家）；

隨對方坐或站（保持平等，免得成為惡霸或懦夫）。

如果時間和精力許可，安排對方碰面（在案子策劃前、工作上的危機解決後、一天中任何一個寧靜的時刻）。

第四，言行一致

你的行為必須用來配合以強化你維護自身權益的話語。那些缺乏自信的訊息在顯示訊息傳達者害怕或不願表達他（她）的真正意願。因為他們覺得這些意願雖然重要，但沒有重要到非得表達出來的地步，於是就放在心裡，讓這些意願一步步吞噬他們的自我形象。另一方面，過於積極的肢體語言則讓人覺得訊息傳遞者的意願比什麼都顯得重要，重要的壓抑了和他（她）感受或立場不同者的觀點、價值。

維護自身權益者的肢體語言，則態度自然，而且開放、誠實地表達自己的意願，不會侵犯到他人權利，

第五，留意混合訊號

有時，有些態度積極的人會顯得被動。此時，他們的態度退縮，拒絕參與。如果你問他們原因，他們多半回答「沒事，」或是「算了，沒你的事」。被動式的積極和真正被動者的惟一差別是他們的音調。後者的腔調懦弱、自我否定；前者口氣則顯得嘲諷、責備，充滿挑戰意味，而且伴隨著許多個性過於積極的人常見的肢體語言。

人與人相處，衝突在所難免，但是衝突不一定不好。假如把衝突當作是彼此交流意見、追求成長、成功的機會，衝突也可以成為人際關係發展的重要步驟、。

要將衝突轉變成合作的關鍵在於自重重人的溝通態度。因為自重重人的態度尊重每個人的權益，是惟一能獲得雙贏結果的溝通態度。

☆心理學要點：

維護權益是指誠實、直截了當、而且尊重他人權利的行為，最終目的在於找雙贏結果，以增進人與人之間的互信合作。

第三章：職場成功心理學：應以什麼樣心態面對工作

1 杜利奧定律
2 態度致勝
3 向上的心態
4 主動效應
5 敬業精神
6 專注精神
7 團隊意識
8 古德定律
9 華盛頓合作定律

第三章　職場成功心理學：應以什麼樣的心態面對工作

1杜利奧定律：工作不僅僅只為了生存，你應對此傾注熱忱

「沒有什麼比失去熱忱更使人覺得垂垂老矣。」美國自然科學家、作家杜利奧提出的這一觀點，在心理學上被稱為「杜利奧定律」。

熱忱是工作的靈魂，甚至就是生活本身。年輕人如果不能從每天的工作中找到樂趣，僅僅是因為要生存才不得不從事工作，僅僅是為了生存才不得不完成職責，這樣的人註定是要失敗的。

當你興致勃勃地工作，並努力使自己的老闆和顧客滿意時，你所獲得的利益就會增加。在你的言行中加入熱忱，熱忱是一種神奇的要素，吸引具有影響力的人，同時也是成功的基石。

誠實、能幹、友善、忠於職守、淳樸－所有這些特徵，對準備在事業上有所作為的年輕人來說，都是不可缺少的，但是更不可或缺的是熱忱－將奮鬥、拼搏看作是人生的快樂和榮耀。

發明家、藝術家、音樂家、詩人、作家、英雄、人類文明的先行者、大企業的創造者—無論他們來自什麼種族、什麼地區，無論在什麼時代—那些引導著人類從野蠻社會走向文明的人們，無不是充滿熱忱的人。

如果你不能使自己的全部身心都投入到工作中去，你無論做什麼工作，都可能淪為平庸之輩。你無法在人類歷史上留下任何印記；做事馬馬虎虎，只有在平平淡淡中了卻此生。如果是這樣，你的人生結局將和千百萬的平庸之輩一樣。

大自然的秘密，就要由那些準備把生命奉獻給工作的人、那些熱情洋溢地生活的人來揭開。各種新興的事物，等待著那些熱忱而且有耐心的人去開發。各行各業，人類活動的每一個領域，都在呼喚著滿懷熱忱的工作者。

熱忱是戰勝所有困難的強大力量，它使你保持清醒，使全身所有的神經都處於興奮狀態，去進行你內心渴望的事；它不能容忍任何有礙於實現既定目標的干擾。

著名音樂家韓德爾，年幼時家人不准他去碰樂器，不讓他去上學，哪怕是學習一個音符。但這一切又有什麼用呢？他在半夜裡悄悄地跑到秘密的閣樓裡去彈鋼琴。莫札特孩提時，成天要做大量的苦工，但是到了晚上他就偷偷地去教堂聆聽風琴演奏，將他的全部身心都融化在音樂之中。巴哈年幼時只能在月光底下抄寫學習的東西，連點一支蠟燭的要求也被蠻橫地拒絕了。當那些手抄的資料被沒收後，他依然沒有灰心喪氣。同樣地，皮鞭和責　反而使兒童時代充滿熱忱的奧利・布林更專注地投入到他的小提琴曲中去。

在職業生涯中取得過無限輝煌的成功學大師拿破崙・希爾說：若你能夠保持一顆熱忱之心，那將會給你帶來奇蹟的。

拿破崙・希爾本人就是一個充滿了熱忱的人。一個濃霧之夜，當拿破崙・希爾和他母親從新澤西乘船渡江到紐約的時候，母親歡叫道：「這是多麼令人驚心動魄的情景啊！」

「有什麼出奇的事情呢？」拿破崙・希爾問道。

母親依舊充滿熱情：「你看呀，那濃霧，那四周若隱若現的光，還有消失在霧中的船帶走了令人迷惑的燈光，那麼令人不可思議。」

或許是被母親的熱情所感染，拿破崙・希爾也著實感覺到厚厚的白霧中那種隱藏著的神秘、虛無及點點的迷惑。拿破崙・希爾那顆遲鈍的心得到了一些新鮮血液的滲透，不再沒有感覺了。

母親注視著拿破崙・希爾，「我從來沒有放棄過給你忠告。無論以前的忠告你接受不接受，但這一刻的忠告你一定得聽，而且要永遠牢記。那就是：世界從來就有美麗和興奮的存在，她本身就是如此動人、如此令人神往，所以，你自己必須要對她敏感，永遠不要讓自己感覺遲鈍、嗅覺不靈，永遠不要讓自己失去那份應有的熱忱。」

拿破崙・希爾一直沒有忘記母親的話，而且也試著去做。

人與人之間只有很小的差異，但這種很小的差異卻往往造成了巨大的差距。

很小的差異就是所具備的心態是積極的還是消極的，巨大的差距就是成功與失敗。成功人士的首要標誌，就在於他們有熱情積極的心態。一個人如果心態積極，樂觀地面對人生，樂觀地接受挑戰和應付麻煩事，那他就成功了一半。

在心理學上，充滿熱情就代表著積極、健康、生氣勃勃，這樣做起事來往往事半功倍。實際上，人生起起落落，我們沒有辦法改變一些事實，卻可以透過熱情、讓自己敞開心扉，尋找到一片綠洲。

熱忱，是所有偉大成就的取得過程中最具有活力的因素。它融入了每一項發明、每一幅書畫、每一尊雕塑、每一首偉大的詩、每一部讓世人驚歎的小說或文章當中。它是一種精神的力量。它只有在更高級的力量中才會生發出來。在那些為個人的感官享受所支配的人身上，你是不會發現這種熱忱的。它的本質就是一種積極向上的力量。

最好的工作成果總是由頭腦聰明並具有工作熱情的人完成的。

在一家大公司裡，那些吊兒郎當的老職員們嘲笑一位年輕的同事的工作熱情，因為這個職位低下的年輕人做了許多自己職責範圍以外的工作。然而不久他就被從所有的雇員中挑選出來，當上了部門經理，進入了公司的管理層，令那些嘲笑他的人瞠目結舌。

成功與其說是取決於人的才能，不如說取決於人的熱忱。這個世界為那些具有真正的使命感和自信心的人大開綠燈，到生命終結的時候，他們依然熱情不減。無論出現什麼困難，無論前途看起來是多麼的暗淡，他們總是相信能夠把心目中的理想圖景變成現實。

熱忱，使我們的決心更堅定；熱忱，使我們的意志更堅強！它給思想以力量，促使我們立刻行動，直到把可能變成現實。不要畏懼熱忱，如果有人願意以半憐憫半輕視的語調把你稱為狂熱分子，那麼就讓他這麼說吧。一件事情如果在你看來值得為它付出，如果那是對你的努力的一種挑戰，那麼，就把你能夠發揮的全部熱忱都投入到其中去吧，至於那些指手畫腳的議論，則大可不必理會。笑到最後的人，才笑得最好。成就最多的，從來不是那些半途而廢、冷嘲熱諷、猶豫不決、膽小怕事的人。

一個對生活充滿熱情、狂熱投入工作的人，每天早上一起來就會迫不及待地要把自己發動起來。他們有明確的目標，總是對生活充滿了渴望而又精力充沛，能一直堅守自己的使命。這樣的熱情來源於對工作的熱愛與對自己追求的享受：無疑，這種人一定是生活中的強者。

熱情能幫你在更少的時間裡完成更多的事情，幫你做出更好的選擇，幫你顯得更加富有魅力。在熱情的推動下，你會感覺自己的日子飛一樣地流逝，你的成就也來得特別快。

全身心地投入到你的工作中去，把它當作你特殊的使命，把這種信念深深植根於你的頭腦之中。就像美一樣，源源不斷的熱忱，使你永葆青春，讓你的心中永遠充滿陽光。

☆心理學要點：

杜利奧定律的核心在於強調熱忱的作用，熱忱是工作的靈魂，甚至就是生活本身。年輕人如果不能從每天的工作中找到樂趣，僅僅是因為要生存才不得不從事工作，僅僅是為了生存才不得不完成職責，這樣的人註定是要失敗的。

2 態度致勝：將你的個性投入到工作之中，愛並努力著

一個人的工作態度折射著人生態度，而人生態度決定一個人一生的成就。你的工作，就是你的生命的投影。它的美與醜、可愛與可憎，全操縱於你之手。一個天性樂觀，對工作充滿熱忱的人，無論他眼下是在洗馬桶、挖土方，或者是在經營著一家大公司，都會認為自己的工作是一項神聖的天職，並懷著深切的興趣。對工作充滿熱忱的人，不論遇到多少艱難險阻，都要有這樣的信念：哪怕是洗一輩子馬桶，也要做個洗馬桶最優秀的人！

假使你對工作，是被動的而非自動的，像奴隸在主人的皮鞭的督促之下一樣；假使你對於工作，感覺到厭惡；假使你對於工作，沒有熱誠和愛好之心，不能使工作成為一種喜愛，而只覺得其為一種苦役；那你在這個世界上，一

定不會有很大作為的。

自尊、自信是成就大事業的必要條件，對工作敷衍塞責的人是不會具有這種自信、自尊的。一個人假使不能在工作上盡其至善之努力，則他絕不能得到最高的「自我贊許」。

許多人，不知道尊重自己的工作。他們把工作視作取得食物、衣服、房子的一種討厭的「需要」，一種無可避免的苦役。他們不把工作當作一個鍛煉能力的東西，一個訓練建造品格的大學校。

他們不懂得，工作能激發他們內在的最優良的品格，讓他們在奮鬥、努力中去發揮出他們所有的才能，去克服一切成功之障礙。工作對於他們只是一種苦役。他們不懂得毅力、堅忍力，以及其他種種高貴的品格都是從努力工作中得來的。一個人抱怨、鄙視自己的工作，他的生命絕不能得到真正的成功。結果恐怕只能是一個，那就是「今天工作不努力，明天努力找工作」！

不管你的工作是怎樣的卑微，你都當臨之以一種藝術家的精神。世界上沒有卑微的工作，只有卑微的工作態度，只要全力以赴地去做，再噁心的工作也會變成最出色的工作。

有人問三個砌磚的工人：「你們在做什麼呢？」

第一個工人沒好氣地嘀咕：「你沒看見嗎，我正在砌牆啊。」

第二個工人有氣無力地說：「嗨，我正在做一項每小時五十元的工作呢。」

第三個工人哼著小調，歡快地說：「你問我啊朋友，我不妨坦白告訴你，我正在建造這世界上最偉大的房子！」

這就是問題的癥結。如果你只把目光停留在工作本身，那麼即使從事你最喜歡的工作，你依然無法持久地保持對工作的熱情，而如果在擬定合約時，你想的是一個幾百萬的訂單；搜集資料、撰寫標書時你想到的是招標會上的奪冠，你還會認為自己的工作百無聊賴枯燥無味嗎？

工作滿意的秘密之一就是能「看到超越日常工作的東西」。一旦心情愉快起來，就會全身心投入。本來你覺得乏味無比的事情會變得妙趣橫生。這正是工作的本質所在。你不應該僅僅把工作視作取得食物、衣服、房子的一種討厭的「需要」，一種無可避免的苦役。而應該把工作當作一個鍛煉能力的東西，一個訓練建造品格的大學校。

假使你對於你的工作能待之以藝術家的精神而非待之以工匠的精神；假使你對於工作能帶來濃郁的趣味而貫注熱誠；假使你決意做每一件事，必須竭盡你的全力，則你對於工作就不致產生厭惡或痛苦的感覺。一切全視你的精神和你的態度。充沛的精神，可以使最卑微的工作變得趣味橫生。頹廢的精神，可以使人對於最高尚的事務，產生厭惡的感覺。

我們不妨設想一下他們三位的命運，前兩位繼續在砌著他們的磚，因為他們沒有遠見，不重視自己的工作，不會去追求更大的成就。但那位認為自己在建造世界上最偉大的房子的工人則不一樣了，他一定不會永遠是個砌著磚的工人，也許他已經變成了承包商，甚至變成了很有名氣的建築設計師。因為他善於思考，他當時對於工作的熱情已經明顯地表現出他想更上一層樓。

美國寶潔公司全球人力資源負責人戴普曾經這樣說：「我們在分析應徵者能不能適合某項工作時，經常要考慮他對目前工作的態度。如果他認為自己的工作很重要，我們就會留下很深的印象。即使他對目前的工作不滿也沒有關係。」

「為什麼呢？這個道理很簡單，如果他認為他目前的工作很重要，他對下一項工作也可能抱著『我以工作成就為榮』的態度。我們發現，一個人的工作態度跟他的工作效率確實有很密切的關係。」

就像你的儀表一樣，你的工作態度，也會對你的上司、同事、部屬以及你所接觸的每一個人表現出你的心理狀態，你的價值取向。

這也就是說，你認為你怎樣就會怎樣。因為你的思想不知不覺會使你變成你所想的那樣，你對工作沒有熱情，表現得很消極，那你就不可能在工作上取得任何成就。如果你認為你很虛弱，你的條件不足，會失敗，是二流貨色等等，這些想法會註定你會平平庸庸地度過一輩子。

反過來，你如果認為自己很重要，有足夠的條件，是第一流的人才，自己的工作也確實很重要，那麼你很快就會邁上成功之路。

一個長期認為自己工作重要的人，能接收到一種心理訊號，告知他如何把工作做得更好。

有一個年輕人，別人問他現在生活得怎樣，他回答說：「我現在完全為我的工作所陶醉了，我簡直不能自拔。每天早晨，我都十分渴望能夠盡快地投入到自己的任務中，而當晚上放下工作時，我會感到十分的惋惜，就像一個天生的畫家，在黃昏到來之時，會為自己不得不放下畫筆而遺憾。」

一個對自己的工作如此熱情的年輕人，他的未來根本無需擔心。正如某位名人所說：「一個人，如果他不僅能夠出色地完成自己的工作，而且還能夠借助於極大的熱情、耐心和毅力，將自己的個性融入到工作中，令自己的工作變得獨具特色，獨一無二，與眾不同，帶有強烈的個人色彩並令人難以忘懷，那麼這個人就是一個真正藝術家。而這一點，可以用於人類為之努力的每一個領域：經營旅館、銀行或工廠，寫作、演講、做模特兒或者繪畫。將自己的個性融入到工作之中，這是具有決定性意義的一步，是一個人打開天才的名冊，將要名垂青史的最後三秒鐘。」

極其出色地完成自己的工作，能否真的讓一個人成為藝術家或者天才，這個問題暫且不論，但是有一點卻是千真萬確的：一個人盡己所能、精益求精地完成自己的工作，這種覺悟所帶來的內心的滿足感是無與倫比的。

☆心理學要點：

假使你對工作，是被動的而非自動的，像奴隸在主人的皮鞭的督促之下一樣；假使你對於工作，感覺到厭惡；假使你對於工作，沒有熱誠和愛好之心，不能使工作成為一種喜愛，而只覺得其為一種苦役；那你在這個世界上，一定不會有很大作為的。

3 向上的心態：我成功，是因為我志在成功

工作沒有重要不重要之分，有分別的只是對工作的重視程度。成功與否並不取決於我們是誰，而取決於我們以一種怎樣的態度來對待。

《世界是平的》一書中有這樣一句名言：「二十一世紀的核心競爭力是態度。」他的這番言論告訴我們，積極的心態已經成為當今世紀比黃金還要珍貴的最稀缺的資源，它是個人決勝於未來最為根本的心理資本，是縱橫職場最核心的競爭力！

在企業之中，我們可以看到形形色色的人。每個人都有自己的工作態度。有的勤勉進取，有的悠閒自在，有的得過且過。工作態度決定工作成績。我們不能保證你具有了某種態度就一定能成功，但是成功的人們都有著一些相同的態度。

很多的現代管理者越來越重視人才的心態素養。某跨國公司人力資源部總監認為：「許多人都很有能力，但並不是所有有能力的人都能進入我們公司。因為，除了能力，我們更看重一個人的『工作態度』如何，是不是擁有積極的心態，遇事能否主動想辦法解決，而不是老說一些沒用的話，動不動就這

也不行那也不行。這種人不適合我們公司！」

傑克・韋爾奇曾說：「我成功，是因為我志在成功。」在追求成功的道路上，周圍的環境或人為因素的制約性會很明顯，但這絕不是一成不變的。其實，能否取得成功，關鍵在於你有著一種怎樣的態度，當你抱著不達目的決不甘休的態度去拼搏時，就沒有什麼能夠阻擋你。因為奮進的態度，就是你的第一競爭力。

在工作中，如果時刻保持一種積極向上的心態，保持一種主動學習的精神，其實，我們每個人都可以做得更好。如果我們不懂得珍惜自己的工作，從而懶惰怠慢、不求進取，那麼，我們註定在工作上會失敗。

正確看待工作是端正工作態度的前提。一個人如果有「我不過是在為老闆打工」或者「我不得已才幹這份工作」的想法，那麼他在工作時的外在表現是絕對不會激情四射的，對於有競爭力的員工來說，工作是一個施展自己能力的舞台。

☆心理學要點：

心態積極的員工，知道自己工作的意義和責任，並且永遠保持著全力以赴的工作態度。他們在為企業創造價值和財富的同時，也在不斷豐富和完善著自己的職業人生。一個企業的成敗與否，與這部分員工有著密不可分的聯繫。他們是每一個企業、每一位老闆都極力尋求的人才，他們才是所有組織最器重的員工！

4 主動效應：不用別人告訴你，也能出色地完成工作

工作主動的人，勇於負責，有獨立思考能力，必要時會發揮創意，以完成任務。這樣的人到處受歡迎。

一個人具有了主動工作的意識，也就具備了成功的思想基礎和關鍵。所謂的主動，指的是隨時準備把握機會，展現超乎他人要求的工作表現，以及擁有「為了完成任務，必要時不惜打破常規」的智慧和判斷力。簡單概括成一句話，主動就是不用別人告訴你，也能出色地完成工作。

比爾·蓋茲曾經說過，他之所以為自己所領導的微軟而感到自豪，是因為在這個團體中聚集了一大批積極主動的年輕人。而他在選擇公司領導者的時

候，十分重視選擇條件，把熱愛微軟的事業這一標準放在尤其重要的位置。比爾・蓋茲說：「只有熱愛工作的人才能在工作中做到積極主動，在面對困難時能夠有著破釜沉舟的決心與毅力。」熱愛微軟、積極主動是比爾・蓋茲最為強調的職業素質。

在微軟公司運動營的籃球場上，那張代表公司的面孔紅彤彤的，他身手敏捷，動作職業，或跑或跳，十分活躍，這就是處於巔峰狀態的鮑爾默。他做生意就像他打球的風格一樣，精力充沛，積極主動，勇往直前，在競爭中從不畏懼，並且會不惜一切代價獲勝。在沒有進入微軟之前，蓋茲曾經多次主動高薪邀請鮑爾默加盟，因為他需要鮑爾默這種主動開拓風格的人來讓微軟公司脫胎換骨。

一九九四年年末，美國IT似乎陷入了絕境。而早在一九九四年秋天微軟公司的年會上，鮑爾默就把一台可攜式電腦放在自己的頭上鼓勵大家：「拿出點信心來，我們有NT。我們需要不斷地努力，直至使其成為標準。」這極大地鼓舞了大家。在他的號呼之下，到一九九七年，NT4.0版開始大規模打入企業和機構市場，並成為後來Windows2000的基礎。鮑爾默以他的積極主動，帶動了一批人的主動，使得一個新事物就這樣橫空出世並叱吒天下，企業不歡迎這樣的人，還歡迎誰？

要想在現代職場中獲得成功，就必須改變自己「工作中不夠主動，聽吩咐才能做事」的被動性格，努力培育自己的主動意識。工作中要有一種「率先主動」的競爭意識，主動為自己設定工作目標，開拓性地思考和改進達到成功的工作方式方法。要主動推銷自己，要有為自己創立「名牌」，的意識，善於表現和展示自己的特長優點，與上司和同事共同分享成果、分享快樂、分享成功。只有積極主動的人才能在瞬息萬變的競爭環境中獲得成功，只有善於展示自己的人才能在工作中獲得真正的機會。擁有了「主動精神」，成功就會變得非常自然和順理成章。

《致加西亞的信》一書中有這樣幾句話：「世界會給你以厚報，既有金錢也有榮譽，只要你具備這樣一種品質，那就是主動。」所有的成功人士都是由於曾經對於工作有著積極主動的態度，從而不斷地邁向成功的。

在許多人看來，工作只是一種簡單的雇傭關係，做多做少，做好做壞，對自己的意義不大。其實不然。工作其實是一個機會，一個一直站在我們身邊等待發現的機會。積極主動，這樣才會有創造力，才會不斷進步，不斷取得新的成績。

主動代表著一種創造力，主動地思考、積極地行動，會在讓人接觸事物的同時擴大主觀的認知視野，所謂舉一反三、觸類旁通、順藤摸瓜其實都是主動思維的另類詮釋或證明，主動的人能接觸到更多的資訊與資源，這對處事的靈活性、多樣性、成功性都大有幫助；同時主動的思維會帶來積極的行動，行為上的主動會引起良好的外界回饋，從而進一步刺激大腦神經細胞，產生更積極的思維，這樣的一種良性循環，能讓人在處理好事情的同時，最大限度地發揮自身的價值，體會到一種安全感、價值感、幸福感。

主動是發掘和發揮潛能的最佳途徑。它拓寬人的思維，更大限度地促進人的潛能開發。有的人天生積極主動，這是一種幸運，這種人就更應該珍惜這種天生資源，更大限度地去努力發揮自己的潛能，爭取更大的成功和價值。有些人天生被動，那麼就要趕快行動，培養自己的主動性。

積極主動是一種極珍貴、備受看重的素養，它能使人變得更加敏捷，更加積極。我們經常聽到這樣的說法：成功的人與不成功的人的最大區別就是成功的人做事都積極主動，而不成功的人則多半消極被動。無論你是再底層再普通的職員，「每天多做一點」的工作態度能使你從競爭中脫穎而出。因為你的主動，你的老闆、委託人和顧客會關注你、信賴你，從而給你更多的機會。

☆心理學要點：

工作其實是一個機會，一個一直站在我們身邊等待發現的機會。積極主動，這樣才會有創造力，才會不斷進步，不斷取得新的成績。

5 敬業精神：工作沒有大小之分，用心做好當下每件事

克雷格・卡爾霍恩是一名美國青年，年滿十二歲後，每年暑假，他都在父親開的清潔公司工作。父親用一桶清洗液和一把鋼絲刷，頭頂烈日為兒子上了重要的一課：每一件工作都好比簽名，你的工作品質實際上等於你的名字，只要腳踏實地，埋頭苦幹，遲早會出人頭地。

他按照父親的教導，用鋼刷蘸著清洗液把磚頭洗得乾乾淨淨。後來，克雷格・卡爾霍恩在西南食品超市由包裝工升為存貨管理員，整天做著裝裝卸卸、擺擺放放這樣細小麻煩的工作，但他卻一絲不苟，樂此不疲。有朋友屢次勸他：「別把青春耗費在這種沒出息的事情上！」他卻不以為然，仍是堅守著自己的工作信條：工作無大小，做好當下每件事。

朋友認為他是個大傻瓜，一輩子也做不出什麼名堂。然而，他卻為自己做好了這樁誰都不願做的工作而自豪不已，他相信父親的話：「只要自己不斷努力，只要認真地做好每件事，上帝一定會眷顧你的。」果不其然，數年後，克雷格•卡爾霍恩脫穎而出，成為擁有八家商店，一年總營業收入達五千萬美元的老闆！

敬業精神是做好一件事的根本，是創造佳績的前提；將敬業精神演變為一種習慣，一種做人做事的品質，將使你在平凡的崗位上做出不平凡的事，最終成就一番宏圖偉業；把敬業精神作為員工精神宣導的企業，必將獲得巨大的成功和勝利；持續保有這種精神的企業，則會贏得客戶的廣泛認同和社會的尊重與讚譽。

然而，對工作始終如一的熱愛，始終保持精益求精的工作作風，始終對工作富有責任感和敬業精神，卻並不是一件容易的事，必須將工作當成自己的事來做，必須視工作為生命來看待，才能堅守這份執著。

有個老木匠準備退休，臨走前，老闆問他是否能幫忙再建一座房子，老木匠滿口答應了。但是隨後大家都看出來，他的心思早已不在工作上，他用的是軟料，出的是粗活。

房子建好後，老闆把大門的鑰匙遞給他，「這是你的房子，是我送給你的禮物。」

老木匠震驚得目瞪口呆，羞愧得無地自容。如果他早知道是在給自己建房子，怎麼會如此漫不經心、粗製濫造呢？現在，他卻不得不住在自己建造的粗糙房子裡！

許多人又何嘗不是這樣呢？他們漫不經心地建造自己的生活，做事馬虎，得過且過，凡事不肯精益求精，在關鍵時刻不能盡最大努力。等他突然驚覺的時候，早已被困在自己建造的「房子」裡了。

假若把自己當成那個木匠，設想你在建一所房子，每天你敲進去一顆釘，加上去一塊板，豎起一面牆，用你的智慧好好建造吧！你的生活是你一生唯一的創造，不能抹平重建，不能推倒重來。即便只有一天可活，那一天也要活得優美、高貴。請記住：「生活是自己創造的。」好好珍惜你當下的工作，把每一項工作當成是為自己做！

羅浮宮收藏著莫內的一幅畫，描繪的是女修道院廚房裡的情景。畫面上正在工作的不是普通的人，而是天使。一個正在架水壺燒水，一個正優雅地提起水桶，另外一個穿著廚衣，伸手去拿盤子—即使日常生活中最平凡的事，也值得天使們全神貫注地去做。

行為本身並不能說明自身的性質，而是取決於我們行動時的精神狀態。工作是否單調乏味，往往取決於我們做它時的心境。

人生目標貫穿於整個生命，你在工作中所持的態度，使你與周圍的人區別開來。日出日落、朝朝暮暮，它們或者使你的思想更開闊，或者使其更狹隘，或者使你的工作變得更加高尚，或者變得更加低俗。

每一件事情對人生都具有十分深刻的意義。你是磚石工或泥瓦匠嗎？可曾在磚塊和砂漿之中看出詩意？你是圖書管理員嗎？經過辛勤勞動，在整理書籍的縫隙，是否感覺到自己已經取得了一些進步？你是學校的老師嗎？是否對按部就班的教學工作感到厭倦？也許一見到自己的學生，你就變得非常有耐心，所有的煩惱都拋到了九霄雲外。

如果只從他人的眼光來看待我們的工作，或者僅用世俗的標準來衡量我們的工作，工作或許是毫無生氣、單調乏味的，彷彿沒有任何意義，沒有任何吸引力和價值可言。這就好比我們從外面觀察一個大教堂的窗戶。大教堂的窗戶佈滿了灰塵，非常陰暗，光華已逝，只剩下單調和破敗的感覺。但是，一旦我們跨過門檻，走進教堂，立刻可以看見絢爛的色彩、清晰的線條。陽光穿過窗戶在奔騰跳躍，形成了一幅幅美麗的圖畫。

由此，我們可以得到這樣的啟示：人們看待問題的方法是有局限的，我們必須從內部去觀察才能看到事物真正的本質。有些工作只從表象看也許索然無味，只有深入其中，才可能認識到其意義所在。因此，無論幸運與否，每個人都必須從工作本身去理解工作，將它看作是人生的權利和榮耀—只有這樣，才能保持個性的獨立。

每一件事都值得我們去做。不要小看自己所做的每一件事，即便是最普通的事，也應該全力以赴、盡職盡責地去完成。小任務順利完成，有利於你對大任務的成功把握。一步一個腳印地向上攀登，便不會輕易跌落。透過工作獲得真正的力量的秘訣就蘊藏在其中。

☆心理學要點：

你的生活是你一生唯一的創造，不能抹平重建，不能推倒重來。即便只有一天可活，那一天也要活得優美、高貴。好好珍惜你當下的工作，把每一項工作當成是為自己做！

6 專注精神：專心致志於一件事，對目標有清楚的認識和執著的追求

很多大公司都重視員工的專注力。比如美國著名的 IBM 公司，他們招聘員工時，特別注重考察應聘者的專心致志的工作作風。通常在考核的最後一關，總是由總裁親自出面。

曾透過面試，後來成為行銷部經理的戴思特，在回憶自己當初應聘情景時說：「那是我一生中最重要的一個轉捩點，一個人如果沒有專注工作的精神，那麼他就無法抓住成功的機會。」

那天面試時，公司總裁找出一篇文章對戴思特說：「請你把這篇文章一字不漏地讀一遍，最好能一刻不停地讀完。」說完，總裁就走出了辦公室。

戴思特心想：不就讀一遍文章嗎？這太簡單了。他深呼吸一口氣，開始認真地讀起來。過一會兒，一位漂亮的金髮女郎款款而來：「先生，休息一會兒吧，請用茶。」她把茶杯放在桌上，衝著戴思特微笑著。戴思特好像沒有聽見也沒有看見似的，還在不停地讀。

又過了一會兒，一隻可愛的小貓伏在他的腳邊，用舌頭舔他的腳踝，他只是本能地移動了一下他的腳，絲毫沒有影響他的閱讀，他似乎也不知道有隻

小貓在他腳下。

那位漂亮的金髮女郎又飄然而至，要他幫她抱起小貓。戴思特還在大聲地讀，根本沒有理會金髮女郎的話。

終於讀完了，戴思特鬆了一口氣。這時總裁走了進來問：「你注意到那位美麗的小姐和她的小貓了嗎？」

「沒有，先生。」

總裁又說道：「那位小姐可是我的秘書，她請求了你幾次，你都沒有理她。」

戴思特很認真地說：「你要我一刻不停地讀完那篇文章，我只想如何集中精力去讀好它，這是考試，關係到我的前途，我不能不專注一些和更專注一些。別的什麼事我就不太清楚了。」

總裁聽了，滿意地點了點頭，笑道：「小夥子，你表現不錯，你被錄取了！在你之前，已經有五十人參加考試，可沒有一個人及格。」他接著說：「在紐約，像你這樣有專業技能的人很多，但像你這樣專注工作的人太少了！你會很有前途的。」

果不出所料，戴思特進入公司後，靠自己的業務能力和對工作的專注熱情，很快就被總裁提拔為經理。

在非洲的馬拉河，河谷兩岸青草嫩肥，草叢中一群羚羊正在那兒悠閒地吃草。一隻狼隱藏在遠處，悄悄地接近羊群。突然，羚羊有所察覺而四散逃跑。狼像箭一般地衝向羚羊群，它的眼睛盯著一隻未成年的羚羊，一直向它追去。在追與逃的過程中，狼超過了一頭又一頭站在旁邊觀望的羚羊，但它沒有掉頭改追更近的獵物，而是一個勁地直朝那頭未成年的羚羊瘋狂地追。終於，狼的前爪搭上了羚羊的屁股，羚羊絆倒了，狼牙直朝羚羊的脖頸咬了下去，它捕獲了今天的食物。

一切肉食動物都知道在出擊之前要隱藏自己，而在選擇追擊目標時，總是選那些未成年的、或老弱的、或落了單的獵物。在追擊過程中，它為什麼不改追其他更近的羚羊呢？因為在追擊的過程中狼已很累了，而其他的羚羊一旦起跑，也有百米衝刺的爆發力，一瞬間就會把已經跑了百米的狼甩在後邊，拉開距離。如果丟下那隻跑累了的羚羊，改追一頭不累的羚羊，到頭來肯定是一隻也追不著。

動物世界的這種普遍現象，也許是一種代代相傳的本能，但它能給人類以啟發，在職場工作中，也要借鑒這種智慧。

狼與生俱來的專注能力告訴我們，在從事任何工作的時候，都不要朝三暮四。三心二意的人到頭來可能會一無所獲。

專注力是狼身上的一大特質，也是一個優秀員工縱橫職場的良好心理品格。一個人如果不能專注於自己的工作，是很難高效覆命的。沒有哪個老闆會喜歡做事三心二意、三天打魚兩天曬網的員工。從這種意義上說，工作專心致志的人，就是能把握成功機遇的人，只有一心一意做事的人，才能受到老闆的器重與提拔。

一個優秀的員工一定能夠把他自己完全沉浸在他的工作裡，此外沒有別的秘訣。因為專注，我們會對自己的目標產生虔敬之意；因為專注，內心中會泉湧般滋長出創造的快感與靈魂的愉悅；因為專注，我們會更容易逼近成功的目標！

一個人在進行工作時，應該專注當前正在處理的事情。如果注意力分散，頭腦不是在考慮當前的事情，而是想著其他事情的話，工作效率就會大打折扣。即使事情再多，我們也要一件一件進行，做完一件事情就了結一件事情。全神貫注於正在做的事情，集中精力處理完畢後，再把注意力轉向其他事情，著手進行下一項工作。

卡內基把自己的成功歸因於勤奮和對某個目標持之以恆的毅力。他說：「我專心致志於一件事情的時候，好像世界上只有這一件事。」正是這種對自身奮鬥目標的清楚認識和執著追求，造就了他最後的成功。

當你集中精神，專注於眼前的工作時，你就會發現你將獲益匪淺，你的工作壓力會減輕，做事不再毛毛躁躁、風風火火。由於對工作的專注，還能激發你更熱愛公司，更熱愛自己的工作，並從工作中體會到更多的樂趣。

蓋爾克是西門子中國區第一任銷售總經理，他為德國西門子公司的電器產品佔領中國市場立下了汗馬功勞，他本人也因此贏得了名譽，取得了巨大的成功。

有記者採訪他：「你可以透露一下成功的秘訣嗎？」

蓋爾克說：「秘訣談不上，我從一九八三年開始在西門子工作，用中國人的話說已經有十九年工齡。我始終有一個座右銘：工作要專心致志，一次只做好一件事。近二十年來我一直堅持這樣的信念，我在西門子的市場部、產品銷售部都工作過，如果說取得了一點成績，這就是其中的原因。」

當今時代，做事是否專注，已成為衡量一個人職業品質的標準之一。一些企業文化提倡「愛業、敬業」，宣導「幹一行，專一行」，而我們工作中能夠做到專注，全身心地投入，便是務實、敬業最基本、最實在的體現。如果上班做事時腦子裡還想著球賽、彩票、電影、股票等等一些與工作無關的東西，連最基本的「專注」都做不到，如此心猿意馬，談何愛工作，又談何敬業？更不用提精與專了！

只有把專注工作當作工作的使命並努力去做好，養成一次做好一件事的習慣，你的工作才會變得更有效率，你也更能樂於工作，因而也更容易取得成功。

☆心理學要點：

一個優秀的員工一定能夠把他自己完全沉浸在他的工作裡，此外沒有別的秘訣。因為專注，我們會對自己的目標產生虔敬之意；因為專注，內心中會泉湧般滋長出創造的快感與靈魂的愉悅；因為專注，我們會更容易逼近成功的目標！

7 團隊意識：注重合作，個人事業的成功離不開團隊後盾

作為一項工作中的個體，只有把自己融入到整個團隊之中，憑藉整體力量，才能把自己所不能完成的棘手的問題解決好。當你來到一個新公司，你的上司很可能會分配給你一個你難以獨立完成的工作。上司這樣做的目的就是要考察你的合作精神，他要知道的僅僅是你是否善於合作，勤於溝通。如果你不言不語，一個人費勁地摸索，這對你個人事業的發展是非常不利的。明智且能獲得成功的捷徑就是充分利用團隊的力量整體作戰。

A公司是一家國內知名的生物科技公司，在市場部的一次人力資源招聘中，有九名優秀應聘者經過初試，從上百人中脫穎而出，闖入了由公司老闆親自把關的複試。

老闆看過這九個人的詳細資料和初試成績後，相當滿意，但此次招聘只有三個工作職位，所以老闆給大家出了最後一道題。

老闆把這九個人隨機分成三個小組，指定甲組去調查嬰兒用品市場，乙組調查婦女用品市場，丙組調查老年用品市場。為了避免他們盲目開展調查，老闆還給每人準備了一份相關行業的資料。

兩天後，九個人都把自己的市場分析報告送到了老闆那裡。老闆看完後，走向丙組的三個人，向他們恭喜道：「你們已經被本公司錄用了。」

看著另外六個人大惑不解的表情，老闆呵呵一笑說：「我給各位的資料都不一樣，甲組的三個人得到的分別是嬰兒用品市場過去、現在和將來的分析資料，其他兩組的也類似。但丙組的人最聰明，互相借用了對方的資料，補全了自己的分析報告。而甲、乙兩組的人卻分別行事，拋開隊友，自己做自己的。」直到此時，被淘汰的六個人才明白，老闆考核最後一道考題的目的是，想看看大家有沒有團隊合作意識。甲、乙兩組失敗了，原因在於他們沒有合作，忽視隊友的存在。

要知道，團隊合作精神才是現代企業成功的保障。

比如，微軟公司在開發 Windows2000 系統時，動員了超過三千名研發工程師和測試人員，寫出了五千多萬行代碼。如果沒有高度統一的團隊精神，沒有全部參與者的默契與分工合作，這項工程是根本不可能完成的。

微軟公司所營造的團隊合作的企業文化，使其數以百計的「富翁員工」在賺取百萬身價以後，卻仍繼續留在微軟「賣命」工作。在某些人看來，這也許有點不可思議。但微軟公司的「富翁員工」們卻並不這樣認為。

微軟公司的工作條件並不安逸，相反，工作強度常常比同行業的其他公司要大得多。在這裡，一週工作六十個小時是常事。在主要產品推出的前幾週，每週的工作時數還會過百。微軟公司的津貼並不比同行業的其他公司高很多，甚至顯得有點吝嗇。

那麼，是什麼神奇的吸引力，竟使這幫百萬富翁在取得經濟獨立後仍然如此賣命地工作呢？答案只有一個，那就是，完全超越了自我的團體意識。這種團體意識，已在微軟公司落地生根。微軟人認為，他們不屬於自己，而是從屬於某種特別的東西—「微軟」這個團體。前總裁比爾•蓋茲在談到這種團隊意識時說了一段耐人尋味的話：「這種共創卓越的團隊意識營造了一種刻苦向上的創造氛圍，在這種氛圍中，人們的開拓性思維不斷湧現，員工的潛能得以充分發揮。」在微軟，你不但享有公司的全部資源，同時還擁有一個能使自己大顯身手、發揮重要作用的小而精的班級或部門。每一個人都有自己的主見，而能使這些主見變成現實的則是微軟這個團隊。

團隊合作不是一句空話，一個懂得合作、善於合作的人，才能稱得上是一個對企業發展有利的人才。

因此，一個有著良好的職業心理素質的人，是不會依仗自己業務能力比別人更優秀而傲慢地拒絕合作，或者合作時不積極，傾向於一個人孤軍奮戰。他明白在一個企業中，只有團隊成功，個人才能成功，他完全以借助別人的力量使自己更加優秀。

只有團隊成功，個人才能成功，對於每一個人來說，保證自己事業有成的一個重要方法就是讓周圍與自己共事的人喜歡你、欣賞你。只有善於合作，你周圍上上下下的人才會希望你成功，並盡他們最大的努力來幫助你實現你的目標，同時也實現他們的目標。在團隊成員的幫助下，你就能最大限度地發揮自己的才能，並成為舉足輕重的成員。

☆心理學要點：

一個有著良好的職業心理素質的人，是不會依仗自己業務能力比別人更優秀而傲慢地拒絕合作，或者合作時不積極，傾向於一個人孤軍奮戰。他明白在一個企業中，只有團隊成功，個人才能成功，他完全以借助別人的力量使自己更加優秀。

8古德定律：充分溝通，瞭解對方需求，並找到雙方的共同點

成功的溝通，靠的是準確地把握別人的觀點，這是「古德定律」的精髓。如果你只一味地要求別人為你做什麼，卻不關心別人為你付出後可以得到什麼，那你是達不到目的的。

成功合作的前提是：進入對方的心扉，知道他想要什麼。任何人在合作中都想獲得某種收益，都希望自己付出的心血、努力會得到回報。想成功合作，就需要滿足對方的這些需要。

其實在很多情況下，障礙來自於我們並不清楚合作方想要的到底是什麼，如果我們無法滿足對方的需求，就容易使問題複雜化。與人合作，就必須知道對方想要的或者所期望的是什麼，能滿足的就要認真滿足；如果不能滿足的，就要採取相應措施予以彌補。

那究竟怎樣才能知道對方想要的是什麼呢？兩個字—溝通。對在溝通中獲取的資訊進行分析和判斷，我們就比較容易知道對方想要的是什麼。如果缺乏溝通，你合作的意圖就會難以開展。

人與人之間會出現矛盾，往往是由於溝通不暢引起的，而溝通不暢的原因

主要就是因為雙方沒有彼此瞭解造成的。如果當你向對方提出請求時，為了順利達到目的，最好是站在對方的立場上思考他們想要什麼，針對對方最關心的事去考量行事，才能奏效。

有句話說得好：「你要想釣住魚，就要像魚那樣思考。」

所以，在與人交往的時候，設身處地替別人想想，瞭解別人的意願，這比一味地請求對方要高明得多。人都渴望被尊重、被理解。只有你換位思考，才能真正體察別人所需，辦起事來才會把力使在關鍵處。

現代工作關係的最佳合作方式就是共贏，要想達到雙方的共贏，就必須找到所謂的共贏點，這個點的關鍵就是首先知道對方想要的是什麼，也就是把對方想要的作為共贏點。

我們會有很多和別人合作的時候，和諧順暢的合作關係當然是我們所期待的，但是如果我們在尋求合作的時候遇到障礙，就需要高度重視。

☆心理要點：

我們首先應該想到，是不是自己沒有滿足對方最想要的？變換思考，深入體察之後，就要想辦法盡量滿足。惟有這樣，雙方才會合作愉快，你的工作才會順利進展。

9華盛頓合作定律：心往一處想，力往一處使，事半功倍

一個人敷衍了事，兩個人互相推諉，三個人則永無成事之日。這樣的加法得出的結果自然越加越少。這裡所說的就是「華盛頓合作定律」。

如果兩個或是兩個以上的人一起工作，大家互相勾心鬥角，各自為政，必然會事倍功半。而如果所有的人都能齊心合力，大家心往一處想，全往一處使，結果則必然是事半功倍了。

每家公司都免不了存在「辦公室政治」。甲今天說了幾句不該說的話讓乙很沒面子，下次乙找個機會打甲的小報告，卻被甲的朋友丙聽見了，丙在工作中就故意使絆子，又在無意中損害了丁的利益……長此下去，這個打結的線團會越纏越大。「辦公室政治」是引起內耗的主要原因，也是華盛頓合作定律的最直接表現。

在職場中，或大或小的矛盾總不可避免。找到一個中和點才是解決問題的

關鍵。究竟如何才能克服華盛頓合作定律帶來的不利影響呢？

第一，設定目標明確分工

詳細的職務設計能夠使大家輕易看出誰在敷衍，誰在推諉。

第二，卸掉包袱，輕裝上陣

如果每個人都在不斷地積累怨恨、憤怒，就會形成今後交往的障礙，消磨鬥志，影響效率，而如果你寬容大度一些，你的態度就會影響到別人，從而形成良好的辦公室氛圍。

第三，消除辦公室幫派帶來的不利影響

企業內部有幫派，每個派系都有自己的核心群體，不同派系的人員控制的部門之間的合作基本上是很難實現的，這樣，企業就不再是一個統一的集體，容易導致大家對一件事情互相踢皮球，甚至相互推卸責任。

☆心理學要點：

工作中，要努力化解個人與個人之間，幫派與幫派之間的隔膜、鬥爭。勾心鬥角只會消磨志氣，燃起內訌。只有大家齊心協力，才能使1+1大於2。

第四章：回歸自我，審視內心，生命因你而精彩！

第四章　回歸自我，審視內心，生命因你而精彩！

1杜根定律：追根溯源，凡事成敗取決於一心

站在心理學的角度分析，在人們身上發生的很多事，最後都可以歸結到自我內在的原因上來。「杜根定律」對此就是一個最好的詮釋。

「強者不一定是勝利者，但勝利遲早屬於有信心的人。」—說這句話的是D．杜根，他曾是美國職業橄欖球聯會主席。他提出的這一觀點就是心理學上常常講到的「杜根定律」。

它最大的意義就是把我們的視角拉回到自我這一核心上來。審視自我，有很多事要做，但首要的卻是要樹立信心。信心對於一個人的人生成敗有著重要的決定意義。

想必大家都看過足球比賽，在看比賽的時候，帶給我們最直觀的感受的可能是球員們技藝的高低。很多人都會想當然地認為，足球比賽的勝負全在於球員發揮得好不好，技術是不是高。事實也許並非如此，球員的心理素質在

關鍵時刻可以左右比賽的結果。

在一次重大的足球比賽中，兩支球隊打平，需要靠點球決勝。一個一流的足球名將竟然將球高高踢飛。因為這關鍵的一球，球隊點球輸給了對手。

賽後，教練問那位把球踢飛的足球名將為什麼會失敗，他說他滿腦子想的就是千萬別踢出球門。如果他當時自信能射中球門，就會是另外一種結果。

由此可見，一個人的心理狀態，可以直接影響到他的實際行動。在什麼樣的心理狀態下可以產生什麼樣的結果。一個人心理素質的高低在關鍵時刻有著非常重要的作用。

你有沒有聽過這樣一個故事，說有一個人經常出差，經常買不到對號入座的車票。可是無論長途短途，無論車上多擠，他總能找到座位。他的辦法其實很簡單，就是耐心地一節車廂一節車廂找過去。這個辦法聽上去似乎並不高明，但卻很管用。每次，他都做好了從第一節車廂走到最後一節車廂的準備，可是每次他都用不著走到最後就會發現空位。他說，這是因為像他這樣鍥而不捨找座位的乘客實在不多。經常是在他落座的車廂裡尚餘若干座位，而在其他車廂的走道和車廂接頭處，居然人滿為患。

實際生活中，大多數乘客容易被一兩節車廂擁擠的表面現象迷惑住，不大細想在數十次停靠之中，從火車十幾個車門上上下下的流動中蘊藏著不少提供座位的機遇；即使想到了，他們也沒有那一份尋找的耐心。他們不相信自己能去找到個座位，覺得即使有個空位置在那裡，別人也會先發現的，自己是搶不過別人的，那麼乾脆還是不去找了，勞神勞力的，說不定最後連個好好站的地方都沒有了。

那麼還是人心的問題。人們心裡都想為自己找到最好的位置，但是各人的想法不一樣，有自信的人要想找到座位，沒有自信的人覺得能有一個站的地方就滿足了。如果你缺乏自信，那麼就是安於現狀的一族，永遠不會覺得自己能成功，也許你想要的位置就在不遠處看著你，可是你膽怯地認為別人會比自己快。因此，這樣的乘客大多只能在上車時的落腳之處一直站到下車。

我們無時無刻不在展現我們的心理狀態，無時無刻不在表現希望或者擔憂。如果我們展示給人的是一種自信、勇敢和無所畏懼的印象，如果我們擁有震懾人心的自信，那麼，我們的事業必定會獲得巨大的成功。如果我們養成了一種必勝信心的習慣，那人們就會認為，我們比那些喪失信心或給人以軟弱無能、自卑膽怯印象的人更有可能贏得未來。

那些做出過不同尋常壯舉的人，總是對自己擁有超乎常人的信心。古羅馬的凱撒大帝，一次在船上遭遇暴風雨，船夫非常擔心，凱撒則說：「你擔心什麼呢？怕沉船？不要擔心，要知道，你是和凱撒在一起！」

命運給我們在社會等級上安排好了一個位置，為了不讓我們在到達這個位置之前就跌倒，它要讓我們對未來充滿希望，正是由於這個原因，那些雄心勃勃的人都帶有過分強烈的「自以為是」的色彩，甚至到了讓人難以容忍的地步，但這卻是為了讓他獲得繼續向前的動力。一個人的自信正預示著他將來的大有作為。

正如德國哲學家謝林說的——一個人如果能夠意識到自己是什麼樣的人，那麼，他很快就會知道自己應該成為什麼樣的人。但他首先在思想上得相信自己的重要，很快，在現實生活中，他也會覺得自己很重要。

☆心理學要點：

心理學告訴我們：只有自己輕視自己，別人才會輕視你。生命的價值，在不同的環境裡就會有不同的意義，只要自己看重自己，自我珍惜，生命就有意義和價值。如果你只接受最好的，你最後得到的往往也是最好的，只要你有信心。

我們無時無刻不在展現我們的心理狀態，無時無刻不在表現希望或者擔憂。如果我們展示給人的是一種自信、勇敢和無所畏懼的印象，如果我們擁有震懾人心的自信，那麼，我們的事業必定會獲得巨大的成功。

2 自我賞識：世界只有一個你，你的作用不可替代

聞名世界影壇的義大利著名電影明星蘇菲亞．羅蘭能夠成為令世人矚目的超級影星，和她心理上的自信是分不開的。

小時候的蘇菲亞．羅蘭發育很晚，長得乾巴巴的，又瘦又矮，看著周圍的女孩子們為自己高高的身材而得意的樣子，她覺得自卑極了。可是又有什麼辦法呢？羅蘭是個私生女，母親帶著她又艱難地度日，再加上當時正趕上第二次世界大戰，能吃飽就不錯了，哪裡還顧得上營養呢？

帶著自卑的情緒，羅蘭長到了十五歲。這時候，她已經用不著再為自己的乾癟而憂心忡忡了，因為她已經長成大姑娘了，而且胸部豐滿，臀部發達。

不過，她家裡面還是非常的窮。為了生存，加上對電影的熱愛，羅蘭來到

了羅馬，想在這裡涉足電影界。沒想到，對未來懷著希望和憧憬的她，卻連連碰壁。

第一次試鏡頭，羅蘭就失敗了，所有的攝影師都說她夠不上美人標準，都抱怨她的鼻子和臀部。沒辦法，導演卡洛•龐蒂只好把她叫到辦公室，建議她把臀部削減一點兒，把鼻子縮短一點兒。一般情況下，許多演員都對導演言聽計從，因為導演有權讓他們走上銀幕，也有權讓他們離開電影圈。可是，小小年紀的羅蘭卻非常有勇氣和主見，拒絕了對方的要求。她說：「我當然懂得，因為我的外形跟已經成名的那些女演員頗有不同，她們都相貌出眾，五官端正，而我卻不是這樣。我的臉毛病太多，但這些毛病加在一起說不定反而會更有魅力呢。如果我們的鼻子上有一個腫塊，我會毫不猶豫把它除掉。但是，說我的鼻子太長，那是無道理的，因為我知道，鼻子是臉的主要部分，它使臉具有特點。我喜歡我的鼻子和臉的本來的樣子。說實在的，我的臉確實與眾不同，但是我為什麼要長得跟別人一樣呢？我要保持我的本色，我什麼也不願改變。」

由於羅蘭的自信，使導演卡洛•龐蒂真正地認識了蘇菲亞•羅蘭，瞭解了她並且欣賞她。後來，卡洛•龐蒂成了羅蘭的丈夫。由於羅蘭沒有對攝影師們的話言聽計從，沒有對自己失去信心，所以她才得以在電影中充分展示她的與眾不同的美。而且，她的獨特外貌和熱情、開朗、奔放的氣質開始得到人們的承認。在二十年的演藝生涯中，她先後在七十五部影片中扮演角色，被人們稱為「從貧民窟飛出來的天鵝」。其間，她主演的《倆婦人》獲得巨大成功，她因此而榮獲奧斯卡最佳女演員金像獎。

大自然既然造就了每一個人，就賦予了每個人獨特的容貌、身材、氣質、聰慧。也許你會覺得自己太平凡、太普通，但是，你應該對自己有信心，相信你是獨一無二的，相信世界上只有一個你，你所能做的事將是別人無法替代的。

你如果長相一般，那麼你可能擁有白皙的皮膚或是迷人的眼睛；假使你不太聰明，那麼你可能擁有靈巧的雙手或是非常好的想像力。總之，人無完人，上帝對待每個人都是公平的，關鍵是你如何去發現你的美麗。也許你少了珍珠，但你會擁有鑽石；你可以放棄任何人，但你永遠不能放棄挖掘自我。我們要學會欣賞自己，相信你是最特別的一個。有的人評價別人時，可以發現任何一處美麗，而觀察自己卻顯得那麼愚鈍，對所有的優點視而不見。對自己寬容一點，大度一點，始終相信再多一點點耐心，自己就會釋放出無窮的魅力。

有一個年輕人，很想做出一番自己的成就來。開始，他也總是嘗試著鼓足勇氣去做好每一件事情。然而，由於他對自己失去信心，結果一事無成。為此他感到很自卑。

一個偶然的機會，他去拜訪了一位成功的長者，希望從那位長者那裡獲得一些成功的啟示。見面之後，他問了長者一個問題：「為什麼別人努力的結果總會成功，而我努力的結果卻那麼糟糕呢？」

長者微笑著搖了搖頭，反問了他：「如果，現在我送你『芳香』兩個字，你首先會想到什麼呢？」想了一會兒，年輕人回答說：「我會想到糕點，雖然我開辦不久的糕點店已在前些日子停業了，但是我仍會想到那些芳香四溢的糕點。」長者點了點頭，然後，便帶他去拜訪一位動物學家朋友。在見面後，長者問了動物學家一個相同的問題。動物學家回答道：「這兩個字，首先會使我想到眼下正在研究的課題—在自然界裡，有不少奇怪的動物，利用身體散發出來的芳香做誘餌，捕捉食物。」之後，長者又帶他去拜訪一位畫家朋友，也問了對方這麼一個問題。畫家回答道：「這兩個字，會使我聯想到百花爭艷的野外，還有翩翩起舞的少女。芳香，能夠給我的創作帶來靈感。」從那位畫家的家中出來之後，年輕人仍不明白長者的用意。

在返回的途中，長者順便又帶他去拜訪了一位久居海外、剛剛回國探親的富商。在談話中，長者也問了對方這麼一個問題。那位久居海外的富商動情地說：「這兩個字，會使我聯想起故鄉的土地。故鄉土地的芳香，令我魂牽夢繞。」辭別那位富商之後，長者才問那個年輕人：「現在，你已經見過不少出色的人物了。那麼，他們對『芳香』的認識與你相同嗎？」年輕人仍不解地搖了搖頭。長者繼續問道：「那他們對『芳香』的認識，有相同的嗎？」年輕人又搖了搖頭。

此時，長者笑了，然後意味深長地說：「其實在生活中，每一個人都有與眾不同的芳香，你也一樣呀，擁有自己的芳香。為什麼你現在做得不像別人那麼出色呢？那是因為你只是在看別人如何欣賞他們自己的芳香，而你把自己的芳香給忽視了。」

我們每個人都要相信自己行，我們要明白自己是唯一的，自己是一流的，只要我們相信自己是優秀的，就沒有不成功的理由。

《世界上最偉大的推銷員》的作者奧格・曼狄諾說：「我是自然界最偉大的奇蹟。自從上帝創造了天地萬物以來，沒有一個人和我一樣，我的頭腦、心靈、眼睛、耳朵、雙手、頭髮、嘴唇都是與眾不同的。言談舉止和我完全一樣的以前沒有，現在沒有，以後也不會有。雖然四海之內皆兄弟，然而人人各異。我是獨一無二的造化。」

欣賞自己，不是鄙視別人的狂妄自大，而是源於對自己生命的珍視和熱愛；欣賞自己，不是讓自己成為「井底之蛙」，看不見更廣闊的天空，而是讓自己拋棄浮躁後更成熟地走向遠方。

☆心理學要點：

你應該對自己有信心，相信你是獨一無二的，相信世界上只有一個你，你所能做的事將是別人無法替代的。

3手錶定律：替自己做主，不要被別人的言論所左右

有沒有發現這樣一個現象：如果你手上只有一塊錶，你會完全相信錶上的時間；但當你有兩塊或更多的錶時，你對時間的概念卻變得模糊了，你會擔

心每塊錶之間有誤差，反而不敢確定哪個時間更為準確。更多鐘錶並不能告訴人們更準確的時間，反而會讓看錶的人失去對準確時間的信心—這是心理學上的「手錶定律」，它所揭示的是究竟人們心理上的自信會受哪些因素動搖，而面對外部的誘因，我們究竟是該堅持己見，還是改變想法。

現實生活中，外部誘因經常發生，我們身邊常常會出現幾塊「手錶」，他們或來自於我們的父母、或是朋友、同事。每當我需要做出一個決定的時候，這些「手錶」就會告訴我們他們認為是正確的選擇，意見一多，我們究竟應該聽誰的？這樣一來，你也許就會無所適從。

在這種情況下，心理學家建議我們用潛意識去做出一個最符合我們心理需求的決定，不要被別人所干擾，而應該遵從自己內心的選擇。我們要學會掌控自己的生活，而不是被別人的言語和想法所控制。父母、朋友、同事、上司……反正所有「別人」的意見都不能占主導地位，只有你才是自己命運的主宰。

人在環境或他人的壓力下，違心選擇了自己並不喜歡的道路，只會讓自己痛苦，即使取得了受人矚目的成績，也體會不到成功的快樂。如果你不能遵從你內心真實的想法，就會在別人的建議和自己的心聲之間徘徊打轉，把自己弄得筋疲力盡。要想擁有美好的生活，就需要打破別人強加給自己的禁錮，堅持自己的想法。

沒有自我的生活是苦不堪言的，沒有自我的人生是索然無味的。一位作家指出：我們此生不一定要成大名、立大功，可是，我們一定要明白自己的夢想，並把它具體起來，使它成為可能，然後去追求它，去實現它。追尋一個夢想是一種絕大的幸福和快樂。你也曾體會過這種幸福和快樂嗎？大膽堅持自己認為是對的東西，只有這樣，你才能掌控自己的前途。

彼得•希爾從聖約翰大學商學院畢業後就繼承了父親的事業，這是一個昔時十分輝煌、今天卻生機不足的大公司。希爾初生牛犢不怕虎，既然自己已經接管了公司，就有權做主。於是他在諮詢了著名的柯維顧問後，決定重組公司結構。

但這樣大刀闊斧的改革一開始就受到了諸多阻撓，股東們都反對希爾的方案，一致覺得希爾沒有經驗，只不過是剛剛畢業的徒有理論知識的小毛頭，在他們看來，這些整改措施是幼稚的，於是群起反對這種大規模的改革。有人提出一種新的解決方案，有人又提出另外一些，但希爾都沒有採納，而是堅持自己的想法。於是在股東們一片不滿聲中，他完成了重組公司的任務。

一年後，公司發生了巨大的變化：在第一年的頭兩個月中，他在銷售組織中排名第一。他自己設計軟體，編寫程式來瞭解和控制市場的變化，他很快就以銷售兼服務的主管身份在市場內獲得了良好的聲譽。客戶們紛紛被吸引到他的公司來與他合作。公司在銀行裡的存款也達到了幾十萬美元。

如果沒有希爾當時斬釘截鐵的態度，那這個公司如今肯定還是像以前一樣負債累累。正是因為不被眾多人反對的聲音壓倒，堅持己見，希爾才使公司重新走上了正軌。

一位通曉做人內在法則的人士指出：「當別人對你說，『快看這兒』或『瞧那兒』的時候，請你不要盲目地追隨他們，因為幸福世界就在你的心中。」做人做事也是一樣，不要被別人的言論所左右，每個人都要做到明確目標、不受干擾。

不要被眾多的意見所左右，如果你認為自己的方案足夠好，那就要堅持。周旋於多個建議中，你心中的尺規就會失效。做人最可貴的事情莫過於堅持自己的看法，替自己做主，而不是盲目從眾，以致在別人的觀點裡迷失了自己的道路。

☆心理學要點：

追尋一個夢想是一種絕大的幸福和快樂。你也曾體會過這種幸福和快樂嗎？大膽堅持自己認為是對的東西，只有這樣，你才能掌控自己的前途。

4韋奇定律：排除干擾，堅守信念，讓希望之火永不淹滅

很多人都碰到這種情況，經常自己打定了一個主意，卻發現周圍有朋友與自己的意見相左，而且不是一位兩位，人數眾多，於是，他們的心也就開始動搖了，慢慢就開始否決了自己原來的想法。這種心理現象被稱為「韋奇定律」。它是由美國加州大學經濟學家伊渥・韋奇提出的。也就是說即使我們已經有了自己的見解，但如果受到大多數人的質疑，恐怕就會動搖甚至放棄。

而有堅強的希望和信念，才能讓人從頭至尾堅持自己的想法。馬克・吐溫說：「信念達到了頂點，能夠產生驚人的效果。」這句話告訴我們，想要成功，必須從頭至尾保持堅定的信念，唯有信念能讓你的欲望之火不滅，能讓你支撐到最後一刻。

有位老教師在整理閣樓上的舊物時，發現了一疊練習冊，那是五十年前他教授幼稚園時三十一位孩子的作文，題目是《未來我是……》。

他順便翻看了幾本，很快被孩子們千奇百怪的自我設想迷住了。比如：有個叫彼得的小傢伙說，未來的他是海軍大臣，因為有一次他在海中游泳，喝了三公升水，都沒有被淹死；還有一個說，自己將來必定是法國總統，因為他能背出二十五個法國城市的名字；最讓人稱奇的是一個叫大衛的小盲童，他認為，將來他必定是英國的一個內閣大臣，因為在英國還沒有一個盲人進入過內閣。總之，三十一個孩子都在作文中描述了自己的未來。

老教師讀著這些作文，突然有一種把這些本子重新發到同學們手中的衝動，讓他們看看自己是否實現了五十年前的夢想。當地一家報紙得知他的這一想法，就為他發了一則啟事。沒幾天，書信向他飛來。他們中間有商人、學者及政府官員，更多的是沒有身份的人，他們表示，很想知道兒時的夢想，於是老教師按地址—給他們寄去了練習薄。

一年後，他身邊僅剩下一本作文薄沒有寄出。他想：這個叫大衛的人也許死了，畢竟五十年了。就在他準備把這個本子送給一家私人收藏館時，他收到內閣教育大臣布倫科特的信。他在信中說：「那個叫大衛的就是我，感謝您還保存著我們兒時的夢想。不過我已經不需要那個本子了，因為從那時起，我的夢想就一直在我的腦子裡，我沒有一天放棄過；五十年過去了，可以說我已經實現了那個夢想。今天，我還想透過這封信告訴我其他的三十位同學，只要不讓年輕時的夢想隨歲月飄逝，成功總有一天會出現在你面前。」

人生就是這樣，只要信念在，希望就在。無論遇到多少阻礙，無論遭受多少艱辛，無論經歷多少苦難，只要一個人的心中有一粒信念的種子。那麼總有一天，他就能走出困境，讓生命之樹開花結果。

想要成功，必須從頭至尾保持堅定的信念，唯有信念能讓你的欲望之火不滅，能讓你支撐到最後一刻。在人生的海洋裡，信念不滅，我們的船就不會沉沒。

隨著《哈利・波特》風靡全球，它的作者和編劇羅琳成了英國最富有的女人，她所擁有的財富甚至比英國女王的還要多。但廣大讀者可知道，她也曾有過一段窮困落魄的日子。

羅琳從小就熱愛英國文學，熱愛寫作和講故事，而且她從來沒有放棄過。大學時，她主修法語。畢業後，她前往葡萄牙發展，和當地的一位記者結了婚。但不幸的是，婚後丈夫的本來面目暴露無遺，他毆打她，並不顧她的哀求將她趕出家門。

丈夫離她而去，工作沒有了，居無定所，身無分文，再加上嗷嗷待哺的女兒，羅琳一下子變得窮困潦倒。她不得不靠救濟金生活，經常是女兒吃飽了，她還餓著肚子。

但是，家庭和事業的失敗並沒有打消羅琳寫作的積極性，用她自己的話說：「或許是為了完成多年的夢想，或許是為了排遣心中的不快，也或許是為了每晚能把自己編的故事講給女兒聽。」她整天不停地寫，有時為了省錢省電，她甚至待在咖啡館裡寫上一天。

就這樣，在女兒的哭叫聲中，她的第一本《哈利・波特》誕生了，並創造了出版界奇蹟，被翻譯成三十五種語言在一百一十五個國家和地區發行，引起了全世界的轟動。

即使生活艱難，她也堅信有一天，她必定會達到事業的頂峰。

羅琳從未遠離自己的信念，並堅持到底，所以她為自己贏得了成功的光環和巨大的財富。她的成功恰恰在於堅持自己的信念。

在前行的路上，我們會聽到各種不同的聲音，肯定的也好，否定的也罷，只要你經過深思熟慮，只要你堅信自己是對的，那就要堅定不移地朝前走。

遺憾的是，太多的人不能堅守自己的信念，故只有羨慕別人的成功。要知道，唯有信念能讓你支撐到終點，世上沒有不可能的事，只要你的信念足夠強大！只要你一直堅守你的信念，只要你不停下腳步，就一定可以創造生命的神話。

☆心理學要點：

人生就是這樣，只要信念在，希望就在。無論遇到多少阻礙，無論遭受多少艱辛，無論經歷多少苦難，只要一個人的心中有一粒信念的種子。那麼總有一天，他就能走出困境，讓生命之樹開花結果。

5 價值認定：只要多嘗試，你就可以實現心中所期盼的一切

海菲參加同學會時，突然被要求談一些有關最近盛行的歐洲旅遊的話題。由於這是他頭一次在眾人面前講話，所以話中常有斷續和緊張的情況出現。

但是，同學會結束後，其中有一位老同學跑來跟海菲說：「你所講的內容非常有趣，希望今後有機會能再聽你演講。」

在被這位老同學恭維之前，海菲從未想過嘗試在公眾面前講話。於是，他開始覺得自己並不是那麼差勁，對自己的演講才能又多了一份信心。後來，海菲竟然成為企業經營方面的專門演說家了。

海菲認識到：我們常常會一味地認定自己是個什麼樣的人，卻無視於這樣的認定是否正確而影響了我們的人生。比如說，你堅決相信自己不聰明，那麼這個信念就真的控制了你的腦子，使它無法聰明起來。這跟學習的方式不對而導致學不好是不同的，因為當有了好老師在一旁指點，學習成效便能很快地增進。大多數人認為改變學習方式並不是件難事，可是對於改變自己—改變認定自己是個什麼樣的人—卻認為簡直是件不可能的事，這也就是何以我們會常聽到人們這麼說：「我就是這個個性，改不掉！」人生若是持這種態度，就是在扼殺可能的機會，給自己留下永久而無可改變的問題。

下面的故事，從另一個方面詮釋了同樣的道理：

有一天，一位禪師為了啟發他的門徒，給他的徒弟一塊石頭，叫他去蔬菜市場，並且試著賣掉它。這塊石頭很大，很好看。但師父說：「不要賣掉它，只是試著賣掉它。注意觀察，多問一些人，回來告訴我在蔬菜市場它能賣多少錢。」這個人去了。在菜市場，許多人看著石頭想：它可以作很好的小擺件，我們的孩子可以玩，或者我們可以把這當作稱菜用的秤砣。於是他們出了價，但只不過幾個小硬幣。徒弟回來說：「它最多只能賣到幾個硬幣。」

師父說：「現在你去黃金市場，問問那兒的人。但是不要賣掉它，光問問價。」從黃金市場回來，這個門徒很高興，說：「這些人太棒了。他們樂意出到一千塊錢。」師父說：「現在你去珠寶商那兒，但不要賣掉它。」門徒去了珠寶商那兒。他簡直不敢相信，他們竟然樂意出五萬塊錢，門徒不願意賣，他們繼續抬高價格—出到十萬。但是門徒已經打定了主意說：「我不打算賣掉它。」他們又說：「我們出二十萬、三十萬，或者你要多少就多少，只要你賣！」門徒說：「我不能賣，我只是問問價。」話雖如此，他連自己都不能相信：「這些人瘋了！」他認為蔬菜市場的價已經足夠了。

回來後，師父拿回石頭說：「我們不打算賣了它，不過現在你明白了，看你是不是有試金石、理解力。如果你是生活在蔬菜市場，那麼你只有那個市場的理解力，你就永遠不會認識更高的價值。」

你瞭解自己的價值嗎？不要在蔬菜市場上尋找你的價值，為了「賣個好價」，你必須讓人把你當成寶石看待。

現代社會最為流行的神話之一就是：我們可以得到我們心中所期盼的一

切。

人生奇妙，不管我們怎樣認定自己，哪怕那種認定是不好的或有害的，最終我們的人生必然會跟著那種認定走。我們每個人都擁有無窮的能力，只要我們能夠改變對自我的認定就成了。

☆心理學要點：

我們常常會一味地認定自己是個什麼樣的人，卻無視於這樣的認定是否正確而影響了我們的人生。跳出這種思維誤區，改變對自我認定的局限，相信自己擁有無窮的能力，可以讓夢想成真。

6 積極的心理暗示：相信自己能贏，就一定能贏

麥克阿瑟將軍在西點軍校入學考試的前一晚緊張至極。他母親對他說：「如果你不緊張，就會考取。你一定要相信自己，否則沒人會相信你。要有自信，要自立。即使你沒通過，但你知道自己已全力以赴了。」放榜後，麥

克阿瑟名列第一。

選擇自信的人，會改變自己的態度。在日常生活中，勇敢地決定和行動，培養自己的信心。選擇恐懼的人，是因為沒有培養積極的心理。

找出心中那股神秘的力量，你會發現真實的自我。然後，你可能會做一盤更好的菜餚，寫一本更好的書，或作一次更精彩的演講。成功的坦途通往你的大門，世界會肯定你，而且獎勵你。不論你原來是誰，不管你過去多麼落魄，成功都會屬於你。

有人問美國橄欖球教練詹森：「你是怎麼把達拉斯牛仔隊這個爛攤子改造成一支戰無不勝、無堅不摧的超級杯冠軍隊的？」

詹森說。「相信自己能贏，就一定能贏」，他還舉了一個現實生活中的例子—他說：「幾年前，德克薩斯技術大學一位叫阿爾伯特•金的研究生做過一個試驗。他召集了一幫勞工，辦了一個電焊培訓班。金告訴教電焊的老師，班上某某等人具有電焊天才，是好孩子。其實，金只是隨便點幾個人的名字而已，他自己對這些工人的才能如何也一無所知。但是，老師卻把金的話記在心裡。他真的把那幾個人當作好孩子，經常用肯定和鼓勵的語言促其上進，並明確無疑地對其寄予很高的期望。結果，培訓班結束後，那些最初被金點過名的人真成了班上的佼佼者。」

詹森又說：「不論我是把一個球員當作一個勝利者看待，還是將整個球隊看作一支冠軍隊，或者是將教練助理視為甲級隊中最聰明、最勤奮的教練助理，關鍵是我樹立起了球隊的自信，這才是我們贏的真正動力。」

相信自己能贏，就一定能贏！這就是詹森僅經過短短的四個賽季就把一支失魂落魄的橄欖球隊塑造為全美超級杯冠軍隊的秘訣。

人的本性就是追求目標，實現心願。不論你的願望是什麼，只要你目標明確地想做成什麼事，想成為什麼樣的人，你的大腦和神經系統就會源源不斷地提供你所需要的資訊，驅使你自覺地甚至是無意識地向著追求目標、實現願望的方向運動。所以，我們可以相信，堅持心理上的積極的自我暗示，就會使自己變得自信主動，有生氣、有活力、有創造性。

☆心理學要點：

找出心中那股神秘的力量，你會發現真實的自我。然後，你可能會做一盤更好的菜餚，寫一本更好的書，或作一次更精彩的演講。成功的坦途通往你的大門，世界會肯定你，而且獎勵你。不論你原來是誰，不管你過去多麼落魄，成功都會屬於你。

7暗示的力量：有效引導自我暗示發揮其正面的作用

在所有對自我心理有著重要影響的因素裡，暗示、尤其是自我暗示有著強大的作用。

暗示是一種心理影響，它透過使用語言、手勢、表情等，把某種概念或結論輸入一個人的大腦。使之不加考慮地接受某種意見或做某件事情。

俄國生理學家和心理學家巴甫洛夫認為：人是惟一能夠接受暗示的動物；暗示是人類最簡單、最典型的條件反射。

暗示的方式有很多種。暗示可以是語言的、行動的、表情的，也可以是某些符號。比如，商場的櫥窗裡經常擺放著穿著時尚服裝的塑膠模特兒，這是對我們的「符號暗示」，似乎在對我們說：「這件衣服多漂亮啊，快來買吧」；當我們看到一些人在商場裡選買這些衣服，我們可能又獲得一種「行為暗示」，就是「這衣服不錯，挺受歡迎」；而某個人買完衣服後喜形於色，又會對我們形成「表情暗示」；有的人買完衣服後讚不絕口，說物美價廉，又會給我們傳遞「語言暗示」。這些暗示都使我們感覺到這些衣服不錯。

這些符號、行動、表情和語言，雖然沒有直接「號召」我們去買衣服，卻可能透過暗示，傳遞這種資訊，達到這種目的。

甚至咳嗽的聲音也可以成為暗示。美國有一種戒菸電話，當一個人菸癮上來難以抑制時，如果撥打這個電話號碼，會聽到裡面有令人難受的氣喘和咳嗽聲。這樣，抽菸的人就會在心理上產生對抽菸的厭惡和排斥，從而更樂意戒菸。這其實就是利用暗示效應，透過咳嗽和氣喘的聲音，使人們感覺到抽菸對人體健康的巨大危害，從而使人們在心底產生對抽菸的厭惡和恐懼，幫助人們打消菸癮，得以戒菸。

那麼，人在生活中，為什麼會不自覺地接受各種「暗示」呢？

這是因為，人的判斷和決策過程，是由人格中的「自我」部分綜合了個人需要和環境的限制之後做出的。這樣的決定和判斷，我們稱為「主見」。一個「自我」比較發達、健康的人，就是通常我們所說的「有主見」、「有自我」的人。

但是，人不是神，世界上沒有任何萬能、完美的「自我」。因此，「自我」

並不是任何時候都是正確的，人也不可能總是「有主見」的。而「自我」的這種不完美和缺陷，就給外來的影響留出了空間，給別人的暗示提供了機會。

接受暗示，在本質上，就是我們自己的思維和判斷暫時被別人的智慧所代替。當然，它很少能被受暗示者意識到，因為這些心理過程是發生在潛意識裡，也就是在不知不覺之間。

心理學家和精神分析學家均指出，一旦某種想法進入潛意識思維中，腦細胞就會獲得資訊，從而留下相應的痕跡；潛意識思維會根據你的一生當中所積累起來的知識和想法進行工作，並產生相應的結果。有心理學家曾經對在催眠狀態下的人進行試驗，發現一旦人們接受了暗示，潛意識思維就會依據暗示的內容做出相應的回應。比如，心理學家告訴一個正處於催眠狀態的人，說他就是美國總統華盛頓，或者說他是一隻貓、一條狗的話，那麼他的個性特徵就會發生暫時性的改變—他相信自己是實驗者所說的那個人或者動物。同樣的道理，如果某個正處於催眠狀態的人被告知說他後背上有條毛毛蟲，或者說他鼻子正在流血，或者說他正在一個大冰窖裡，那麼，他的身體就會做出相應的反應，而對自己的實際情況卻視而不見。

在一艘行駛在茫茫大海中的航船上，你走近甲板上一個乘客，他看上去一臉緊張。如果這個時候，你對他說：「你看上去不大對啊，你臉色蒼白得可怕！我看你一定是暈船了。快回艙休息吧！」那位乘客聽到你的話，臉色果然會變得蒼白，甚至渾身發抖。顯然，你的「暈船」這一暗示發揮了作用。乘客將這一暗示與他素有的恐慌與不祥之感聯繫了起來。他會接受你的提議，乖乖地回到臥艙裡躺下來休息。

當然對於同樣的暗示，不同的人可能會做出不同的反應，因為各個人潛意識的狀態有所不同。就像剛才舉的那個例子，如果你對一個正在甲板上站著的水手說：「嘿，老兄，你看起來臉色不太好，是不是暈船了。」對於這樣一個消極性的暗示，這位經驗豐富的水手肯定會當你是在說笑話。你的暗示也根本不會起什麼作用。因為，這個水手從來也沒發生過「暈船」的現象。那麼你的這個「暈船」的暗示，也就不會給他帶來任何恐懼感。所以說，暗示能否真正起作用，全在於當事者的信心與想像程度。

暗示從作用來看，既有積極的，也有消極的。接受積極的暗示，可能會使我們朝好的方向轉化；相反，接受消極的暗示，卻可能對我們產生不利影響。

另一方面，心理暗示也可以用在積極的方面。比如，一名運動員的成績已經非常接近世界記錄了，這時，他的教練在旁輕輕地對他暗示道：「你能行，你一定能得第一！」這一暗示激發了他全部的潛能，使他發揮出最高的水準，在比賽中真的得了世界冠軍。這種暗示，也許你還來不及細想，但是直接的提示卻如給你注入了強心針，使你認為自己很優秀，從而激發出更大的潛能。

其實，積極的心理暗示，我們不一定等待別人給予，因為我們自己就可以給予自己。許多成功學家都提到，人要有積極的心態，要善於自我激勵，實際上就是要求我們自己給予自己積極的心理暗示，賦予自己更大的精神力量。比如，你可以經常對自己說：「我能行，我一定能做到！我能夠成功！」這樣就能激發起巨大的動力和能量，使你更容易獲得成功。相反，如果你總是自我懷疑，覺得：「我能行嗎？這件事這麼難，恐怕超出了我的能力範圍。」那麼就容易給自己洩勁，即使真的有能力，可能也無法發揮出來。

人的潛能是很大的。我們最需要瞭解的與其說是「目前」的能力，不如說是「潛在」的能力。我們可以利用積極的心理暗示，把自己潛在的能力發揮出來，更加充分地實現自己的價值。

一位剛剛出道的歌手，因被邀請參加某次大型演唱會而事先進行試唱。在這之前，她曾經接到過類似的邀請，但是她去試唱了三次。結果都是因為自己緊張，三次均被淘汰。盡管她的嗓音很出眾。演唱水準不俗，長相也很好，但她總是擔心等到她演唱時，評委會給她亮出最低分。因為她總是擔心評委們不喜歡她，雖然自己盡力演唱，但是她總是有這種心理，於是她每次參加試唱的時候就心情焦慮。不知道如何是好。她的潛意識接受了這種消極的自我暗示，並對她的試唱產生了致命的影響，使她屢次遭受挫敗。

後來，她聽從朋友的意見，來到一家心理診所，接受治療。在醫師的建議下，她開始運用自我暗示的方法，向恐懼感發起攻擊。她把自己關在一個房間裡，走到一個帶扶手的椅子上，盡量放鬆心情。讓自己的全身都感到很舒適，並慢慢的閉上雙眼，均勻的呼吸，逐漸驅走腦中的雜念。這樣，她的意識性思維變得馴服了，易於接受自我暗示。她對自己說：「其實，我唱得很好。我很有實力。我可以做到心平氣和，非常自信。」按照醫生的建議，她每天都重複做這樣的練習。一週以後，她就像變了一個人似的，她不再那麼焦慮和恐懼，而是沉著和冷靜。她不僅在以後的試唱中通過了評委的審查，而且演唱水準也大幅度提高。

利用暗示不僅能增強自信，同時也能調節性格，平衡我們的內心情緒。有個女孩子，平時總是愛發脾氣，猜疑心重，家裡人都很怕和她說話，稍不留心，可能就會惹來麻煩。這個女孩子很苦惱，她也知道愛發脾氣，猜疑心重，不是好事，但是每次她都控制不住自己，事情過後又後悔。後來她接受了醫生的建議，經常對自己說：「我的脾氣其實很好。我每天都充滿了快樂，我和我的家人相處得很好，我很愛他們，他們也喜歡我。我關心他們，體貼他們，我身邊的人都因為我的存在而感到幸福快樂。我良好的修養和高雅的氣質，深深地感染了他們。」一個月以後，奇蹟終於出現了，她成了一個氣質優雅，活潑熱情的好姑娘。

☆心理學要點：

暗示從作用來看，既有積極的，也有消極的。接受積極的暗示，可能會使我們朝好的方向轉化；相反，接受消極的暗示，卻可能對我們產生不利影響。

8 跳蚤現象：突破內心的藩籬，不要自我設限

科學家做過一個有趣的實驗：

他們把跳蚤放在桌子上，一拍桌子，跳蚤迅即跳起，跳起高度均在其身高

的一百倍以上，堪稱世界上跳得最高的動物！

然後科學家在跳蚤的頭上罩了一個玻璃罩。再讓它跳。這一次跳蚤碰到了玻璃罩。連續多次以後，跳蚤改變了起跳高度以適應環境，每次跳躍總保持在罩頂以下高度。接下來逐漸改變玻璃罩的高度，跳蚤都在碰壁後主動改變自己的高度。、

最後，玻璃罩接近桌面，這時跳蚤已經無法再跳了。科學家於是．把玻璃罩打開，再拍桌子，跳蚤仍然不會跳，變成「爬蚤」了。

跳蚤變成「爬蚤」，並非它已經喪失了跳躍的能力，而是由於在一次次受到挫折之後，他們學乖了，習慣了，麻木了。

最可悲之處在於，實際上的玻璃罩已經不存在，而跳蚤卻連「再試一次」的勇氣都沒有。玻璃罩已經在潛意識裡，罩在跳蚤的心靈上了，跳蚤行動的欲望和潛能被自己扼殺了。

人們類似於跳蚤的這種心理現象就屬於「自我設限」。

在我們每個人的生命中，都會面臨許多害怕做不到的事情，因而劃地自限，使無限的潛能只能化為有限的成就。你可能一直認為你現在的一切都是命中註定的，現實的一切不可超越。不管你持有此觀點的時間多長，你都是

錯的。你可以透過改變自己的心理來改進自己的生活。

人們常常在自己生活的周圍築起界限，要麼就生活在別人強加給他們的局限裡。這些局限有些是家人朋友強加的，有些是自己強加的。很多人給自己套上限制，認為在一生中不會超過父母，認為自己反應遲鈍，認為缺乏別人擁有的潛能和精力，那麼無疑就實現不了一些目標。

有個農夫展出一個形同水瓶的南瓜，參觀的人見了都嘖嘖稱奇，追問是用什麼方法種的。農夫解釋說：「當南瓜在拇指般大小的時候，我便用水瓶罩著它，一旦它把瓶口的空間占滿，便停止生長了。」

人們大多像這樣自我設限，就是把自己關在心中的樊籠裡，就像水瓶罩住的南瓜一樣，等於是放棄給自己成長的機會。成長當然有限。

有這樣一位男士，他與妻子相處存在許多問題，妻子經常抱怨他自私、不負責任，從來都沒有關心過她。有人問他：「為什麼你不好好跟妻子溝通？」他回答：「我的本性就是這樣。沒辦法，我就是大男人。」這位男士對他行為的解釋，是他的自我定義。這源自於過去他一直如此，其實他在說：「我在這方面已經定型了。我要繼續成為長久以來的那個樣子。」人生若保持這種心理。根本就是在扼殺可能的機會，從而給自己留下永遠無可改變的問題。

標定自己是何種人—「我一向都是這樣，那就是我的本性」，這種心理會加強你的惰性，阻礙成長。因為我們容易把「自我描述」當作自己不求改變的辯護理由；更重要的是，它幫助你固持一個荒謬的觀念：如果做不好，就不要做。

一旦你標定了自我是什麼樣的人，你就是否認自我。一個人必須去遵守標籤上的自我定義時，自我就不存在了。他們不去向這些藉口以及其背後的自毀性想法挑戰，卻只是接受他們，承認自己一直是如此，終將帶來自毀。

我們不要做一個被「自我設限」困住的人，而要不斷衝出自製的樊籠，找到真正的自我，讓潛能煥發出來。

☆心理學要點：

在我們每個人的生命中，都會面臨許多害怕做不到的事情，因而劃地自限，使無限的潛能只能化為有限的成就。你可能一直認為你現在的一切都是命中註定的，現實的一切不可超越。不管你持有此觀點的時間多長，你都是錯的。你可以透過改變自己的心理來改進自己的生活。

9自知之明：不要盲目自信，須知自信過了頭，就變成了自負

過猶不及，短短四個字卻說出了博大的真理。當我們開始重視提升自身心理素質，加強自信心訓練時，也要注意「過猶不及」，自信當然重要，但也不要自信過了頭，那就變成自負了。

你也許有比別人高的學歷，會有一定優越感。當上級要你從最基礎的工作做起時，不要覺得以自己的條件，是大材小用。應該踏踏實實把工作做好，避免馬虎出錯。每一項工作都有其價值所在，不分大小、輕重，唯有認真對待，才不會前功盡棄。

有個「海歸派」學子帶著他的才華，還有他的自信，參加了國內一家大型企業的招聘會，他被錄取了。可是不到一個月，他又從那家公司走了。他憤然地說：「他們有眼不識泰山！」原來他在工作上過於自信，以為自己比別人懂得多，所以什麼事都想以自己的標準去要求別人，結果遭到了別人的反感。不僅如此，很快不少事都證明他是錯的，而這種錯正是盲目自信造成的。上司原諒他，安排他做些基礎性的工作，可他認為是排擠自己，於是就離開了這家公司。

在工作和生活中，應該建立自信心，但自信過了頭就會變成自傲、自負。會讓上司覺得你缺乏起碼的謙虛精神，辦事不牢靠。會讓競爭對手利用你的自負，實現自己的目的。不要處處把自己的優點與他人比較，要知道山外有山，天外有天。

古人曰：「人貴有自知之明。」「貴」字不光表明一個人有自知之明是多麼的難能可貴，而且意味著一個人要有自知之明也不是一件輕而易舉的事。

瞭解自己難，這不僅因為「當局者迷」，而且還因為人的確難以客觀地觀察和把握自己。衡量他人是比較容易的，我們可以毫不費力地如實評價，而面對自己的一言一行時，你過濾缺點的網便增大了網眼，你也許並不是有意為之，而是你的自尊心使然。

人要有自信，但不可盲目自信。「千里之堤，潰於蟻穴」。再強大的人，如果不善於從各個方面權衡力量，就可能因對某一點過分自信而招致失敗。

☆心理學要點：

自信固然重要，但過猶不及，一個人如果盲目自信則很容易導致失敗。

10 自我接受：即使有瑕疵，那也是你生命中不可缺少的一部分

當我們小的時候，正統的教育多是教導我們如何改正自己的缺點，其實，有些缺點是我們永遠也無法改正的，只能接受。如果我們過分關注自己的缺點和不足，就會減弱自己成功的信心，制約自己的發展。

接受真實的自己，客觀地對待自己。能夠誠實、坦然地面對自己的真實內心，你才能做好真正的自己。

有一隻青蛙，對自己四條腿用力、一蹦一跳的走路方式極為不滿，於是不停地到河邊寺廟中去拜佛許願，祈求佛祖讓它能像人一樣兩腿直立行走。

年復一年，青蛙的誠意終於打動了神靈。青蛙的願望實現了。它想這下可以又高級又瀟灑地走路了，多幸福啊！

它迫不及待地邁開兩條長腿，驕傲地走了起來。可是它的眼睛卻只能望見後面。這樣，腿往前走，眼往後看，莫名其妙地離河邊越來越遠，再也無法捕捉到食物，終於饑渴難當死掉了。

有的人很早就接受了自己，有的人至死都無法接受自己。每個人都是獨立的，一個人難以接納另一個人似乎可以理解，但為什麼很多人無法接納自己

呢？我們時常對自己不滿，為自己的缺點懊惱與煩悶，千方百計想掩飾。自己面對自己時，常常會陷入懼怕與悔恨中不能自拔。自己又不是一件物品，不喜歡了就可以隨時扔掉，也不是和別人一樣，合得來便相處，合不來便分手，用不著去委曲求全。我們不可能把自己扔掉，除非自己結束自己的生命。滿意它時，它和你在一起，不滿意時，它同樣不會離開你，生命的無奈也在於此。

接納自己，實質就是理解自己。接受自己的優點，我們便多一份自信；接受自己的缺點，我們便多一點理智。接納自己是一個漫長而艱苦的過程，也是一個人長大、成熟的過程。這當然是一個痛苦的經歷，因為我們會逐漸發現，自己不是那樣完美：也不可能變成理想的自己。我們中有些人，其許多不幸、不快樂和不耐煩多數都是自惹的，自尋的。他們要麼無知地欺騙自己，認為自己是一個難得的「聖人」。

有一個十歲的日本小男孩，在一次車禍中失去了左臂，但是他很想學柔道。

最終，小男孩拜一位柔道大師做師傅，開始學習柔道。他學得不錯，可是練了三個月，師傅只教了他一招，小男孩有點弄不懂了。

他終於忍不住問師傅：「我是不是應該再學學其他招數？」

師傅回答說：「不錯，你的確只會一招，但你只需要會這一招就夠了。」

小男孩並不是很明白，但他很相信師傅，於是就繼續照著練了下去。

幾個月後，師傅第一次帶小男孩去參加比賽。小男孩自己都沒有想到居然輕輕鬆鬆地贏了前兩輪。第三輪稍稍有點艱難，但對手還是很快就變得有些急躁，連連進攻，小男孩敏捷地施展出自己的那一招，又贏了。就這樣，小男孩迷迷糊糊地進入了決賽。

決賽的對手比小男孩高大、強壯許多，也似乎更有經驗。開始，小男孩顯得有點招架不住，裁判擔心小男孩會受傷，就叫了暫停，還打算就此終止比賽。然而師傅不答應，堅持說：「繼續比賽！」

比賽重新開始後，對手放鬆了戒備，小男孩立刻使出他的那招，制伏了對手贏得了冠軍。

回家的路上，小男孩和師傅一起回顧每場比賽的每一個細節，小男孩鼓起勇氣道出了心裡的疑問：「師傅，我怎麼就憑一招就贏得了冠軍？」

師傅答道：「有兩個原因：第一，你幾乎完全掌握了柔道中最難的一招；第二，就我所知，對付這一招惟一的辦法是抓住你的左臂。這樣，你左臂的缺失反而成了你最大的優勢。」

「尺有所短，寸有所長」。每個人都有自己的優勢和長處。我們能客觀地估價自己，在認識缺點和短處的基礎上，找出自己的長處和優勢，並以己之長比人之短，就能激發自信心。要學會欣賞自己，讚美自己，把自己的優點、長處、成績、滿意的事情，統統找出來，在心中「炫耀」一番，反覆刺激和暗示自己「我可以」、「我能行」、「我真行」，就能逐步擺脫「事事不如人，處處難為己」陰影的困擾，就會感到生命有活力，生活有期望，覺得太陽每天都是新的，從而保持奮發向上的勁頭。自己給自己鼓掌，自己給自己加油，自己給自己戴朵花，自己給自己發錦旗，便能撞擊出生命的火花，培養出像阿基米德「給我一個支點，我將移動地球」的那種豪邁的自信來！

「自我接受」意指接受我們現在的樣子，包括一切過錯、缺點、短處、毛病。但是，如果我們認清這些不完美是屬於我們，而不是等於我們，那麼，我們對於自身的這些不完美就會看開些。然而，很多人卻堅決地認為他們等於「錯誤」，因而丟棄了健全的「自我接受」。你或許會犯一個錯誤，但這並不是說你等於一個錯誤；你或許不能適當而充分地表達自己，但這並不是說你就是「不好」。學會接受「真實的自我」，也接受所有的瑕疵，因為它是我們的一部分。經神病患者排斥、憎惡「真實的自己」，因為它不完美，他想創造一個虛構的理想自我取而代之，創造盡善盡美的虛構的「自己」。

外科醫生阿費烈德在解剖屍體時有一個奇怪的發現，那就是：人們患病的器官並不像人們想像的那樣千瘡百孔，恰恰相反，正是由於和疾病的抗爭，這些器官為了抵禦病變，往往要付出巨大的努力，他們的機能比正常的器官要強。

他最早是從一個腎病患者的遺體中發現了這一點的。起初，阿費烈德也認為患病的器官一定變得很糟糕，但是，當他從死者的體內取出那個患病的腎時，他驚奇地發現那個腎要比正常的大，甚至另外一個也是大的超乎尋常。一開始，阿費烈德把這看作是一個個別現象。但是。在他多年的醫學解剖過程中，他不斷地發現那些患病的心臟、肺等，幾乎所有的人體器官都存在著類似的情況。也就是說，一個心臟病人的心臟並不是我們想像的那樣虛弱，它甚至比我們每一個正常人的心臟要大，機能更強。

阿費烈德就這一發現撰寫了一篇很有影響力的論文。他在論文中指出，患病器官因為和病毒搏鬥而使其功能不斷增強。如果人體有兩個相同的器官，一個死亡後，另一個會承擔起全部的責任，這樣的努力使得健全的器官變得更加強大。

為了驗證自己的預測，阿費烈德進行了廣泛的調查，結果又一次證實了他預測的準確性。他在對藝術院校教授的調查中發現，一些頗有成就的教授之所以走上藝術之路，取得很高的藝術成就，大都是受了生理缺陷的影響。普通人所認為的缺陷並不是阻礙了他們，而是促進了他們對藝術的追求。

身體上的缺陷並不是我們成功的障礙，心靈上的才是。如果你把缺陷視為自己成功的障礙，那上帝在給你關上了一扇門的同時，也必然會為你打開兩扇窗。只要你用心感受，缺陷恰恰就是你先天的成功因素。

不接受自己的人，常常心情鬱悶。認識自己的優點和缺點，明白自己想做的不一定就能做，明白自己所做的不一定全能做好，我們便會自信、自制、自強，生活便多一些快樂，少一些煩惱。相反，斤斤計較自己的缺點，不原諒自己的失誤，則會使我們沮喪、自卑。

☆心理學要點：

接納自己，實質就是理解自己。接受自己的優點，我們便多一份自信；接受自己的缺點，我們便多一點理智。

11 消除心理落差：人生目標要現實一點，期望值不要定得太高

生活中，有些人總愛無由地把自己與別人做比較，於是他常常想，為什麼他們都比我好呢？為什麼別人總是比我成功？為什麼只有我一個人總是在原地踏步？這樣想著想著，慢慢就產生了落差感，繼而陷入困惑之中。

其實，這一切都源於心理落差，而這種落差經常都是自找的。要克服這種落差感帶來的困惑情緒，還是要從自身入手，也就是平衡心態，適時調整心理預期。你要經常審視內心：究竟我給自己定下的目標合理嗎？

目標的落空，很容易讓自己心理失去平衡，在不平衡的心理狀態下，人自然就會跌入對自己否定的境地。如果開始的時候，給自己定一個小小的目標，不需要過多的努力就可以完成，在有了一點點的成就感的時候，不要驕傲，馬上給自己定一個再高一點的目標，努力後又順利完成，再繼續定一個……如此反覆下來，你會覺得自己在不斷地長進，不斷地向前發展，自己也不會再對自己有看法，最終你就會達到你預想的結果。

務實的人都會為自己樹立一個能夠實現的目標。他們都知道，如果把目標定得過高，不但會使自己無法腳踏實地地工作，而且也發揮不出目標的激勵

作用。因為當我們付出很多努力，仍舊無法達成目標時，我們就會變得懈怠和灰心。

羅馬不是一天建成的，不管你的理想有多遠大，都需要一步一步地來實現。心浮氣躁、急於求成不但對實現理想毫無好的影響，甚至還可能產生反面的作用。

日本有一位著名的長跑運動員，他在比賽當中獲得過數枚金牌，可是從外表看來，這位世界冠軍看起來並不是那麼強壯。是什麼力量讓他取得如此的成就呢？他是這樣說的：「在我剛剛從事長跑事業的時候並不是這樣，每次比賽或者訓練，在跑之前，我都一心想著漫長的路程距離終點還有多遠，一想到這些，我的心裡就有點發慌。當起跑以後沒多久，想著那遙不可及的終點，由於心理壓力過大，身體很快就疲勞下來，別說是獲得名次，就連跑完全程都很困難。後來，我想出了一個辦法，在起跑後以後，首先找一個視野之內的參照物，比如一棵樹，或者一根電線杆，就把它當作是終點，然後用百米衝刺的速度衝過去，來跑完這段路程。然後再找一個參照物，這樣，即使是身體很疲勞，但是因為眼前的一段目標並不長，完全有餘力來跑完它，就這樣一段一段地跑下來，不知不覺地就到達了終點。」

美國潛能大師伯恩．崔西說：「成功就等於目標，其他一切都是這句話的注解！」

可以量化、能夠實現、注重結果、有時間期限。如果你的目標同時具備了這幾點，就說明這個目標是有效的。

當我們知道了目標的重要性而且制訂出一個有效的目標之後，接下來就該看看自己對目標的期望強度了，當然不同的期望強度會有不同的表現特徵，也會得到不同的結果。每個人的期望強度不同，心理狀態也不一樣。有的人對某種東西真的不想要；另一種人找藉口不想要，但真實原因是不敢想，不知道為什麼要，害怕付出和失敗，害怕做不到別人會笑話。不想要，當然他的結果是得不到。

有種人決心不夠，尤其是改變自己的決心不夠，等待機遇，靠運氣成功，即使得不到也不會轉為安慰自己：曾經努力過，也算對得起自己，馬上再換另一個目標。這一類人很想要，有可能成功，因為運氣而成功，也因為運氣而失敗。

想當個富有的人，這不是目標。有多少錢可以稱為富有？你用多長時間達到這一目標？我們人類很早以來就想登上月球，這只是夢想。美國總統甘迺迪在二十世紀五十年代提出來美國要在十年內登上月球，這就是目標，因為它可計量。當時甘迺迪提出來之後，人們認為是大話。甘迺迪在目標確定之後，調動各方面的資源，提前十四個月讓美國太空人登上了月球。

目標定得太大，會感到恐懼、痛苦；太小了，太容易實現，會覺得沒意思。有人說我要當美國總統，什麼條件都不具備，這是妄想。

明確了方向，瞭解了自己的行為目的，知道什麼是最重要的事情，然後朝著這個方向去努力。在某一個階段靜下來評估一下新的進展，或是檢討自己的效率，因為能「看」到結果，所以保持信心與激情全身心地投入。這樣，還有什麼能阻擋你成功的步伐呢？

☆心理學要點：

羅馬不是一天建成的，不管你的理想有多遠大，都需要一步一步地來實現。心浮氣躁、急於求成不但對實現理想毫無好的影響，甚至還可能產生反面的作用。

第五章：情緒心理學：掌控情緒，做自己心情的主人

第五章 情緒心理學：掌控情緒，做自己心情的主人

1 情緒效應：發生什麼樣的事無法選擇，但可以選擇自己的情緒狀態

一個人的心理活動有很多方面，人的情緒看起來好像無關緊要，實則對人的影響非常之重大。以前人們大都輕視對自身情緒的掌控，現在越來越多的人都意識到了情緒的重要性。

在心理學上講所謂「情緒效應」，其實就是探討情緒對人的影響。在平常的生活中，有時候我們會感到高興、愉悅、輕鬆，有時候我們也會感到恐懼、悲傷、抑鬱。但我們必須要意識到：長時間的情緒低落不只會影響到你的人際關係與工作表現，更可能會危及身心健康。所以每個人都應該學會調節自己的情緒，不要讓不良情緒成為自己身心的殺手！

有個故事說的是一位青年，看到死神正往前面的一個村莊前進，他很機警地詢問死神去村莊的目的，死神面無表情地回答說：「我要從前面的村莊帶走一百個人。」

這位青年聽完立刻拔腿向前奔跑，他用最快的速度趕到那個村莊，然後不辭勞苦地告訴每一個人，要大家小心，因為他也不知道死神會帶走哪一百個人。

第二天早上，當死神踏進村莊時，這位好心報信的年輕人卻堵在死神前面，帶著不滿的口氣說：「你欺騙了我，你昨天明明說要帶走一百個人，可是為什麼昨晚村子裡卻死了更多的人呢？」

死神看了看年輕人，心平氣和地說：「年輕人，我沒有騙你，昨晚死的人只有一百個是我名單裡的人，其餘的都是被恐懼與焦慮帶走的。」

這雖然只是個寓言故事，但從中我們可以看出，痛苦、恐懼、敵意、衝動、憤怒等負面情緒都是心靈的毒素，如果一個人長期被這些心理問題所困擾，就會導致身體上的疾病。中醫也有這樣一種說法：「怒傷肝，思傷脾，憂傷肺，恐傷腎。」足以證明這些不良情緒都會對我們的五臟六腑造成傷害。在人的一生中，難免會遇到挫折和困難，若是因此情緒低落、恐懼、失望、抑鬱不安，最後苦的還是自己。

而積極正面的情緒則對人大有裨益。英國有一對夫妻，在做身體健康檢查時，他們被告知太太得了乳癌；先生得了前列腺瘤，並且伴有嚴重的心臟病，主動脈血管有三分之一被阻塞。據醫生估計這兩人的壽命都只剩下半年。

這對夫妻經過幾番討論後，決定好好度過剩餘的歲月，於是他們決定去完成環球旅行的願望。他們賣掉了房子，拿著這筆錢開始了他們的旅行。因為感到生命的短暫，他們在旅行中格外珍惜每一天，每天都快快樂樂地度過，每天都開開心心地享受兩人獨處的甜蜜，就好像回到初戀時的熱情一樣，連旁人也不禁羨慕他們的恩愛。在這半年中，他們只顧享受生活的美好，幾乎忘記了自己是病人。

半年後他們回到倫敦，當他們回到同一家醫院做進一步檢查時，奇蹟發生了，醫生驚訝地發現兩人的癌細胞已經消失，連丈夫的動脈血管阻塞也好了許多，這個結果讓醫生驚詫萬分，連呼「這真是個奇蹟」。

醫生後來發現是他們的「正面情緒」救了自己。因為在人快樂的時候，腦內會分泌一種「安多芬」，它會增加體內的淋巴球，進而增強人體對抗癌細胞的能力，讓人重新獲得健康。

別讓壞情緒控制你的生活，別讓壞情緒扼殺了你的健康。試想：若一個人整天心情抑鬱，愁眉苦臉地面對生活，做任何事情都不積極，那會怎麼樣？顯然，那必然導致事事不如意，甚至會有更大的困難等著他，這樣也就會讓他的心情更加鬱悶，生活態度更加消極，形成惡性循環。但是一個心情開朗的人則對生活充滿了熱情，對要做的事情充滿了希望，工作生活都積極上進，自然而然的就會順心如意，心情也就越來越好了。

我們每個人都應該正確認識情緒效應：雖然我們無法選擇發生在自己身上的事情，但可以選擇自己的情緒狀態；雖然我們無法改變環境來適應自己的生活，但可以調整情緒來適應環境的變化。一旦我們做到了這些，就再不用飽受不良情緒的困擾了。

☆心理學要點：

長時間的情緒低落不只會影響到你的人際關係與工作表現，更可能會危及身心健康。所以每個人都應該學會調節自己的情緒，不要讓不良情緒成為自己身心的殺手！

2 情緒轉換器：很多事情的發生與否，取決你如何掌控情緒

天有不測風雲，人有旦夕禍福。人生在世誰都難免要遇上幾次災難或許多難以改變的事情。世上有些事是不能抗拒的，你只能接受它、適應它。否則憂悶、悲傷、焦慮、失眠會接踵而來，最後的結局是你沒有改變這些無法抗拒的事實，而是讓無法抗拒的事實改變了你。

一位心理學家，有一次在給學生上課時拿出一個十分精美的咖啡杯，當學生們正在讚美這個杯子的獨特造型時，他故意裝出失手的樣子，咖啡杯掉在水泥地上成了碎片，這時學生中不斷發出了一陣惋惜聲。心理學家指著咖啡杯的碎片說：「你們一定對這個杯子感到惋惜，可是這種惋惜也無法使咖啡杯再恢復原形。今後在你們生活中發生了無可挽回的事時，請記住這個破碎的咖啡杯。」

這是一堂成功的心理素質教育課，學生們透過這個摔碎的咖啡杯，懂得了在無法改變失敗和不幸的厄運時，要學會接受它、適應它，學會改變自己的情緒，積極樂觀地去面對。有人說得好，如果你不能改變你的容貌，那麼就改變你的表情吧！因為陽光般的表情寫在臉上，即使長得不漂亮，也會很可

愛。

完全接受已經發生的事，這是克服不幸的第一步。任何人遇上災難，情緒都會受到較大的影響，這時一定要控制好情緒的轉換器。面對無法改變的不幸或無能為力的事情，聳聳肩，默默地告訴自己：「忘掉它吧，這一切都會過去。」

一九二九年，紐約股市崩盤，美國一家大公司的老闆憂心忡忡地回到家裡。

「你怎麼了？親愛的！」妻子笑容可掬地問道。

「完了！完了！我被法院宣告破產了，家裡所有的財產明天就要被法院查封了。」他說完便傷心地低頭飲泣。

妻子這時柔聲問道：「你的身體也被查封了嗎？」

「沒有！」他不解地抬起頭來。

「那麼，我這個做妻子的也被查封了嗎？」

「沒有！」他拭去了眼角的淚，無助地望了妻子一眼。

「那孩子們呢？」

「他們還小，跟這件事根本無關呀！」

「既然如此，那麼怎能說家裡所有的財產都要被查封呢？你還有一個支持你的妻子以及一群有希望的孩子，而且你有豐富的經驗，還擁有上天賜予的健康的身體和靈活的頭腦。至於丟掉的財富，就當是過去白忙一場算了！以後還可以再賺回來的，不是嗎？」

這位瀕臨崩潰的老闆得到了妻子這番話的啟示，他沒有放棄奮鬥，三年後，他的公司再度成為《財富》雜誌評選的五大企業之一。

我們每個人都該去學習這位有著陽光心態的妻子。當你感到沮喪的時候，請列出一張詳細的生命資產表，我們每個人都有這樣一張生命資產表。這正如一位受了挫折的人，在經過短暫的灰心之後，明白了這樣一個道理：太陽在明天會照常升起，而今天並不是世界末日。

有意轉換情緒，是有意識地控制情緒向良好方向發展的最佳方法。其實人的情緒轉換並沒有你想像的那麼難，只要掌握了轉換的技巧，你就可以很好地駕馭它。

費莫是一名心理諮詢師，有次他坐朋友的車外出郊遊，本來倆人很高興地談東扯西。突然一輛車緊貼著他們的車呼嘯而過，讓他倆大吃一驚。這時，費莫的朋友破口大　，因此而發脾氣，不高興了很久，嘴裡不停地埋怨：「這個傢伙真是逞能。」「他是明著在欺弄人。」「不行，得追上去問個明白。」朋友越說越火大，費莫安慰他說：「他可能有急事才強行超車。」「他也許是被前邊的同伴慫恿才拼命追趕。要不，這傢伙一定是老婆趕著去生孩子。」這是一句玩笑話，居然把朋友也給逗笑了。於是，他倆同時放聲大笑。事情過去了，他們又繼續有說有笑地愉快趕路。

可見，生命中的許多問題，其發生與否，有時取決於我們情緒的轉換。很多時候，只要我們能控制自己對於這些問題的反應態度，就等於控制了它們對自己的影響。換句話說，你的態度才是最重要的。

☆心理學要點：

一定要控制好情緒的轉換器。面對無法改變的不幸或無能為力的事情，聳聳肩，默默地告訴自己：「忘掉它吧，這一切都會過去。」

3 巴納姆效應：不要輕易因別人的情緒而影響了自己

一位名叫蕭曼•巴納姆的著名雜技師在評價自己的表演時說，他之所以很受歡迎是因為節目中包含了每個人都喜歡的成分，所以他使得「每一分鐘都有人上當受騙」。人們常常認為一種籠統的、一般性的人格描述十分準確地揭示了自己的特點，心理學上將這種傾向稱為「巴納姆效應」。

巴納姆效應在生活中十分普遍。拿算命來說，很多人請教過算命先生後都認為算命先生說的「很準」。其實，那些求助算命的人本身就有易受暗示的特點。當人的情緒處於低落、失意的時候，對生活失去控制感，於是，安全感也受到影響。一個缺乏安全感的人，心理的依賴性也大大增強，受暗示性就比平時更強了。加上算命先生善於揣摩人的內心感受，稍微能夠理解求助者的感受，求助者立刻會感到一種精神安慰。算命先生接下來再說一段一般的、無關痛癢的話便會使求助者深信不疑。

一般的心理測試也是一樣，比如，某些心理測試中說：「你喜歡生活有些變化，厭惡被人限制。」「你很需要別人喜歡並尊重你。」「你有許多可以成為你優勢的能力沒有發揮出來，同時你也有一些缺點，不過你一般可以克服它們。」「你有時懷疑自己所做的決定或所做的事是否正確。」「你有時外向、親切、好交際，而有時則內向、謹慎、沉默。」相信很多人對此都會深信不疑，並驚歎這種測試真夠準的。事實上，這是一頂戴在誰頭上都合適的帽子。

巴納姆效應的最大意義還是在於說明了人們的情緒是多麼容易受到外來因素的影響。

比如，我們習慣接受外界的訊息暗示，假若訊息是積極的，那自然是一件好事。反之，如果訊息是消極的，就會影響心情，使你情緒低落或者焦慮不安。消極的暗示是很危險的，我們總希望從別人的經驗中找出一條自己能走的路。這時候，我們就要努力看清自己，避免受別人情緒的影響。

趙銳原來還在袁磊的抱怨聲中堅持著自己最初的信念，後來慢慢動搖，也漸漸覺得現在的工作沒有前途，缺乏發展空間，那些曾經給自己定的短期計畫、中遠期計畫，而今已束之高閣。他想即便努力了，說不定將來也是和袁磊一樣的命運。

人千萬要學會不要被負面情緒影響了，並嚴重影響到了自己的工作。

一般人最大的問題就是太容易被別人的情緒所左右。無論是在工作中還是生活中，我們的心情總是容易被別人的情緒所感染。小至別人的一個表情、一句話，大到社會生活環境，都影響著我們的情緒。殊不知，一個的情緒穩定對其人生發展有著重要的決定意義。根據一項調查顯示，工作較有成就的人，絕大部分都是在情緒上具有穩定性格的人，而不是才華橫溢或是智商較高的人。這種穩定性格不僅包括能很好地控制自己的不良情緒，還包括對別人負面情緒的免疫能力。

因此，我們要避免被外界的訊息所奴役，尤其是不要讓那些消極的情緒干擾到你。這就需要你時刻保持一種恒定淡然的心態，做真實的自己，只有這樣，幸福才會距你更近，成功也才會找上你。

☆心理學要點：

巴納姆效應的最大意義在於說明了人們的情緒是多麼容易受到外來因素的影響。因此，我們要避免被外界的訊息所奴役，尤其是不要讓那些消極的情緒干擾到自己。

4 踢貓效應：一個人的負面情緒，容易造成一群人的連鎖反應

美國洛杉磯大學醫學院心理學家加利的研究證實，一個心情舒暢、性格開朗的人，如果同一個整天愁腸百結、抑鬱難解的人相處，不久也會變得性情沮喪，這便是傳染。這種傳染是在不知不覺中進行的。敏感性和同情心愈強的人愈容易被不良情緒傳染。美國密西根大學心理學教授詹姆斯證明，只要二十分鐘，一個人就可能受其他人低落情緒的傳染，由此可見，不良情緒的傳染比病菌傳染還快。

當一個人生氣的時候，經常按捺不住而發洩到周圍無辜者身上，被發洩者受了委屈，又會轉身對其他的人發洩……如此傳染下去，就會影響身邊很多人，讓生活充滿緊張空氣。

心理學中有個原則叫不要「踢貓」，起源於如下的故事：

一位嚴格要求員工的董事長比平時起床晚了一些，在上班途中又遇堵車，結果他遲到了。他煩躁地來到辦公室，衝著主任嚷了幾句後就走了；主任怒氣騰騰地向正好走過來請示問題的行政主管嚷嚷開了；行政主管愣愣地出了門，看見正在列印文件的秘書，也忍不住對她嚷了一通；下班後還悶悶不樂

的秘書回到家，瞧見正在瞎搗蛋的兒子，就怒氣衝衝的把他罵了一頓；兒子滿臉委屈，看見自己的寵物──一隻大花貓，就朝它狠狠地踹了一腳，結果大花貓「喵嗚」一聲，鑽到沙發底下去了。

生活節奏越來越快的今天，人們在享受現代生活便利的同時，也面臨著更大的壓力，神經經常處於緊張狀態，好像張滿的弓弦，稍有裂紋就會崩斷。生活在這樣的高壓下，人的心理承受能力到了脆弱的極限，一點點不順的小事都會使得情緒一落千丈，怒火會像膨脹已久的火山，噴射而出。周圍的人也許正處於雷同的狀態，於是，這種糟糕的心情或者情緒便會像瘟疫一樣在人群中蔓延。稍不留意，還會帶給自己的家人，使他們成為「踢貓效應」鏈條末端無辜的受害者。

不良情緒在家庭成員之間尤其容易互相傳染。在一個大家庭中，主要家庭成員，如父母的情緒暗示性大；而非主要成員，如小孩則相對小一些。假如在一天的開始，家庭某一個成員情緒很好，或者情緒很壞，其他成員就會受到傳染，產生相應的情緒反應，於是就形成了愉快、輕鬆、沉悶或者壓抑的家庭氛圍。

不良情緒對人的身心危害很大。因此，我們應該像重視和防治環境污染一樣，重視和防治情緒污染。

第一，防止家庭情緒污染

有些人在外面受了氣，喜歡回到家中對家人發洩。這是很不恰當的做法，會造成家庭情緒污染。有煩惱可以拿出來和家人一起分析、討論，得到來自家人的寬慰和勸解，不僅增進家人之間的感情交流，還能排解自己的不良情緒，何必非得要拿家人撒氣，弄得一家子不痛快呢？

第二，學會穩定自己的情緒

情緒低落時，要有忍耐力和克制力，學會情緒轉移，把注意力轉到使人高興的事情上來。盡量把不良情緒化解掉，如參加娛樂活動、體育鍛煉、加倍工作，還可以尋找發洩管道或找知心朋友一吐為快。千萬不要將自己的不良情緒帶到公共場所，那樣害人又害己。

第三，善待人家的「不友好」

別人對我們不友好時，不一定是真的對我們有什麼惡意，也許是他遇上了什麼煩心的事，一時沒有走出負面情緒，不知不覺地把氣撒到我們身上。面對這樣的人，不要過分計較，要盡量寬容為懷，包容別人就是包容自己，沒有經過你的允許別人也傷害不到你。

無論如何，拿別人撒氣是不對的，對別人是不公平的。自己不希望別人把自己當出氣筒，那麼也別拿別人當出氣筒，「己所不欲，勿施於人」。一句話，人的負面情緒是很容易擴散和蔓延的，當負面情緒來臨時，我們要加以控制。

☆心理學要點：

不良情緒對人的身心危害很大。因此，我們應該像重視和防治環境污染一樣，重視和防治情緒污染。

5 表情克制：不形於色、把喜怒哀樂裝在口袋裡

人有情緒的波動是很正常的，畢竟人是感情動物。但是，有人控制情緒功夫一流，喜怒不形於色，有人則說哭就哭，說笑就笑，當然，說生氣就生氣！

哭笑隨意的情緒表現到底是好是壞呢？有人認為是率真，是一種很可愛的人格特質。這麼說也不是沒有道理，因為喜怒哀樂都表現在臉上的人，別人容易瞭解，也不會有戒心，而且，有情緒就發洩，而不積壓在心裡，也合乎

心理的衛生，但說實在的，這種率真實在不怎麼適合世故做人。

喜怒哀樂表達失當，有時會招來無端之禍，應該把喜怒哀樂裝在口袋裡。

其實，沒有喜怒哀樂的人並不存在，他們只是不把喜怒哀樂表現在臉上罷了！而在人性叢林裡，這一點是很重要的。

為什麼這麼說呢？

在人性叢林裡，人為了生存，會採取各種方法來接納力量、分享利益、打擊對手。而任何人，只要在社會上做過一段時間的事，便多多少少會練就察顏觀色的本事，他們會根據我們的喜怒哀樂來調整和我們相處的方式，並時而順著我們的喜怒哀樂為自己謀取利益，這原無可厚非，本來就是要這樣的啊！

可是謀取利益的另一面，有時卻是對我們的傷害，就算不是傷害，我們也在不知不覺中，意志受到了別人的控制。

一聽到別人奉承就面有喜色的人，有心者便會以奉承來向他接近，向他要求，甚至向他進行軟性的勒索。

一聽到某類言語，或碰到某種類型的人就發怒的人，有心者便會故意製造這樣的言語，指使這種類型的人來激怒我們，讓我們在盛怒之下喪失理性，迷亂心智，失去風度。

一聽到某類悲慘的事或自己遭到什麼委屈，就哀喪滿臉，甚至傷心落淚的人，有心者瞭解我們內心的脆弱面，便會以種種手段來博取我們的同情心，或是故意打擊我們情感的脆弱處，以達到他的目的。

一個因為些許小事就樂不可支的人，有心者便可能為其提供可樂之事，好迷惑他，以達到有心人的目的……

誠然，連喜怒哀樂都不能自由表達，這種人生也沒太大的意義。不過，若因喜怒哀樂表達失當而招來無端之禍，那人生就更沒有意義了，也可以說是人生的悲哀。因此，人有必要做一個喜怒哀樂見不著痕跡的人。

何不妨把喜怒哀樂裝在口袋裡！

如此做的好處有：

第一，把喜怒哀樂在情緒中抽離，便可以理性、冷靜地看待它，思索它給我們生命中帶來的積極意義，並進而訓練自己對喜怒哀樂的控制，做到該喜則喜，不該喜則絕不喜的地步。

第二，把喜怒哀樂裝在口袋裡就是不隨便表現這些情緒，以免為人窺破弱點，予人以可乘之機。

要這樣子做很難，但如果想到世故做人給我們帶來的幸福，就不會覺得難了！

不能把喜怒哀樂裝在口袋裡的人，則無法適應這個社會。這有兩方面的原因。

第一，不能把喜怒哀樂裝在口袋裡的人，給人的印象就是不成熟，還沒長大。

只有小孩子才會說哭就哭，說笑就笑，說生氣就生氣，這種行為發生在小孩身上，大人會說是天真爛漫，但發生在一個成年人身上，人們就不免對這個人的人格發展感到懷疑了，就算不當我們是神經病，至少也會認為我們還沒長大。

如果我們還年輕，則尚無多大關係，如果已經做過好幾年事，或是根本已經過了三十歲，那麼別人會對我們失去信心，因為別人除了認為我們還沒長大之外，也會認為我們沒有控制情緒的能力，這樣的人，一遇不順就哭，一不高興就生氣，這樣是不能成就大事的。

第二，不能把喜怒哀樂裝在口袋裡的人，會被人看不起，認為是軟弱，

容易生氣則會傷害別人。

哭其實也是心理壓力的一種緩解，可是人們始終把哭和軟弱扯在一起。絕大部分的人都能忍住不哭，或是回家再哭，但卻不能忍住不生氣。

生氣有很多壞處，首先是會在無意中傷害無辜的人，有誰願意無緣無故挨我們的罵呢？而被罵的人有時是會反彈的。

其次，大家看我們常常生氣，為了怕無端挨　，所以會和我們保持距離，我們和別人的關係在無形中就拉遠了。

另外，偶爾生一下氣，別人會怕我們，如果常常生氣，久而久之別人就不會在乎了，反而會抱著看猴戲的心理，這對我們的形象也是不利的。

最後，生氣對身體不好，不過別人對這點是不在乎的—氣死了是我們自己的事。

所以，在個人情緒心理方面，把喜怒哀樂裝在口袋裡是很重要的一件事，我們不必喜怒不形於色，讓別人覺得我們陰沉不可捉摸，但情緒的表現絕不可過度，尤其是哭和生氣。如果我們是個不易控制這兩種情緒的人，不如在事情發生，引動了我們的情緒時，趕快離開現場，讓情緒過了再回來，如果沒有地方可暫時躲避，那就深呼吸，不要說話，這一招對克制生氣特別有效！

我們如果能恰當地掌握我們的情緒，把喜怒哀樂裝在口袋裡，那麼我們將在別人的心目中呈現沉穩、可信賴的形象，雖然不一定能因此獲得重用，或在事業上有立即的幫助，但總比不能控制情緒的人好！

☆心理學要點

人的喜怒哀樂是極其平常的情緒，很多人對此並不多做思考，總是有什麼就表達什麼，但這樣帶來的效果卻往往不盡人意。而那種能恰當地掌握情緒，把喜怒哀樂裝在口袋裡的人，則經常能開創良好的局面。

6 即使遇到生活的煩惱，也要讓自己的情緒處於安全之中

隨著競爭的加劇，現代上班族的工作、生活壓力大，有人遇到不痛快的事不善及時排解，時間一長，難免會造成心理障礙。而善於給情緒裝個「安全閥」，及時「減壓」，就會減少心理疾病的犯發。下面就是幾個上班族調節情緒的方式，也許會給你不少啟發。

阿濤是一位事業有成的中年人。他說：「人都有情緒低落的時候，關鍵是要善於排解，別在心理上留下陰影。」他的排解方式是到酒吧坐坐，小飲幾杯。

他曾碰到件倒楣事：他的工廠為外商做的襯衣因做工問題80%要退貨重修，而發貨期迫在眉睫。「我做了這麼多年加工，從未出現過這麼大的紕漏。為了趕合約期，大家只得晝夜不停地工作，一連三天，終於返修完了。」工作暫時沒那麼忙了，阿濤這心可一時還放鬆不了，於是，下班後他把車放在單位，打的去了那家熟悉的酒吧。「年輕人都愛去有樂隊演奏的酒吧，圖的是熱鬧，我是為放鬆一下神經，專找安安靜靜的所在。」每次去酒吧，頗有酒量的阿濤都要上一瓶紅酒加冰塊，「別的酒喝上幾杯會躁，紅酒的感覺是不溫不火。」紅酒加冰塊，一杯杯細品，耳邊是薩克斯演奏的音樂，輕柔、舒緩，帶著點憂傷。一瓶紅酒喝完，時間已過半夜，帶著點微醉的感覺回家，此時他的心情很平靜。看來，小飲有時也能排憂，只要能恰當排解內心的鬱悶，也是一種調節情緒的良好方式。

閱讀世界著名小說《飄》時，我們常常會看到郝思嘉的一個典型習慣，每當她遇到什麼煩惱或者無法解決的問題時，她就對自己說，「我現在不要想它，明天再想好了，明天就是另外一天了。」實際上，這種明天再想，就是一種給心靈鬆綁的方法。

如果你對一個問題掙扎了一整天，仍然沒有顯著的進展，最好不要去想它，暫時不作任何決定，讓這問題在睡眠中自然地解決。因為睡眠中沒有太多意識的干擾時，也就是最佳的工作時機。可見，遇事難以排解時，不妨蒙頭大睡，一覺醒來，心情愉快，一切就迎刃而解了。

總而言之，情緒低落時，心情鬱悶時，內心壓力大時，找一種適合自己的調節方法，如訪友、旅遊、跳舞、就餐、運動等等，及時調整自己的心態，使自己的情緒始終處於安全之中，使自己的心境始終處於快樂之中。

☆心理學要點：

人都有情緒低落的時候，關鍵是要善於排解，別在心理上留下陰影。我們要學會及時調整自己的心態，使自己的情緒始終處於安全之中，使自己的心境始終處於快樂之中。

7 果斷丟棄「情緒包袱」，用樂觀積極的心態面對明天

那些心理上的失敗者，往往被「情緒包袱」壓得喘不過氣，他們總想著過去沒有解決的問題和矛盾，一講話便是從前的災禍、現在的艱難和未來的倒楣。對於他們來說，從來沒有一件事情是滿意的。當他們終於得到了所嚮往的東西的時候，他們又不再想要了；如果失去了的話，他們又一定要找回來。他們不斷重複老一套消極洩氣的想法，把不幸和煩惱作為生活的主題。即使在平安無事、一切順利的時候，也習慣於只琢磨生活當中消極洩氣的事情。他們覺得不幸和氣憤的時間太多。他們總是喜歡喋喋不休地發表消極洩氣的意見和批評。他們說洩氣話，指手劃腳，令人難堪，使別人同他們疏遠起來。

心理失敗者往往把周圍環境當中每件美中不足的事情放在心上，對周圍事情的指責和消極的念頭捆住了他們的手腳，使他們很難再去體驗歡樂。他們認為一切事情都會糟糕下去，而且不自覺地促使自己造成不愉快的局面，使他們的預言實現。

心理失敗者常常由於似乎難以解決的難題而挫傷情緒，失去活力，陷於失望，無所作為。在遇到麻煩和苦惱的時候，他們往往把精力用在責怪、牢騷

和抱怨上。

心理失敗者說許多帶「不」字的話，例如「不能如何、不要如何、不應該如何」等等。他們最常用的形容詞是「糟糕、討厭、可怕和自私」。他們沒完沒了地指責別人「為什麼不如何」、「怎麼沒有如何」。

而心理成功者往往為自己四周的美好事物和自然的奇蹟感到歡愉。他們對於鮮花含苞待放、雨後空氣清新之類的小事也欣賞喜愛。

樂觀的心態是這種人關鍵性的心理素質之一，他們把自己的思想和談吐引導為振奮鼓勁的念頭和看法。他們體驗到現實存在的美好事物。他們把過去當成借鑒參考的資料庫，把未來看作充滿無限希望歡樂和誘人的境界。

心理成功者看重他們所具備的愉快而有價值的條件，想出有創造性的辦法去爭取達到想要達到的其他目標。他們能夠迅速解決問題，把處境當中的消極方面縮小到最小程度，並且找出積極的因素來。他們致力於所處的環境中發現求得發展和學習的機會。

心理成功者喜歡同別人交往，不論自己有所收穫還是對別人有所幫助，都樂見其成。他們對參與了的活動都從好的方面加以評論，同別人相處也很熱情。即使處於嚴峻的環境與災禍之中，他們也會發掘出積極因素，鼓起勇氣向前跨步，使情況有所改善。

心理成功者感到煩惱不快的時候，會動手去扭轉自己所處的局面。他們知道，要過得順心愉快，責任在自己。

心理成功者善於用「情緒吸塵器」清除掉自己的煩惱念頭和悲觀情緒。他們在不利環境中也設法發掘出積極因素來。他們在頭腦裡儲存的是「好、妙極了、親切、重要、喜歡、高興、了不起」一類的詞語。

黑暗的心情，會在心底播下不良的種子，所以只有不良的作用反覆地傳達下來。因此，還是要盡量以明朗的心情來努力比較好。

假設現在被厄運打垮，也應該把持著「過去已成過去，今後情況一定會變好」的心情。這種將心中由黑暗改變成光明的方法，會慢慢地改變周圍的環境或條件。相反地，不去求改變，心裡一直失望地認為「我的環境不好，條件也不好」的話，就很難將此轉變成好的環境或條件。所以我們應該抱著「環境或條件雖然不好，我也要做做看」這種心情去奮鬥。如此，就會在心底播下好的種子，並且由於這種作用，環境或條件就會慢慢地變好。

當然只靠明朗的心情努力是不夠的，還需要一邊努力做一邊有「我要做給你看」、「我很想做」、「我一定要做」的這種思想才行。希望和努力能夠為你打開一條又新又活的道路。

生活中努力而無法成功的人也很多。原因之一是，他們不抱著「我一定要做給你看」、「我一定要成功」的心情去努力。努力，加上信念，並一直持續下去，總有一天你會踏上一條新的道路。本來被你認為「那麼厚重，大概沒辦法打破」的一道牆，總有一天會在你眼前突然崩潰下來的。

縱使身處苦難中，也能夠忘記苦難，這才是開拓新道路應具有的心情。

人生中，誰曾經都可能有過幾次失敗的經驗，但那些都已經成為過去了。未來將有什麼偉大的事業等著我們去開創，這是誰都無法預測到的。

☆心理學要點：

一個背著包袱走路的人註定走不了多遠，一個有「情緒包袱」的人在生活中必然會碰壁。卸下包袱，從容前進，讓心情樂觀起來，讓心理堅強起來，未來就在你的腳下。

8 修築堤壩不如引流疏導，總之要讓情緒發洩得恰到好處

如前面所說，情緒像洶湧的洪水，而控制情緒就是治水，常採取的一種錯誤方法是修築堤壩。那種盲目地壓抑情緒的方法，最後將導致情緒的爆發，並且危害更大。遇到消極情緒，正確的方法是引流疏導，讓情緒發洩得恰到好處。一般來說，分為以下三個步驟：

第一步，察覺情緒。

人的情緒有時候很微妙，不易捕捉。察覺情緒是控制情緒的第一步，如果自己不知道自己現在的心情，還談什麼控制和治理。就像我們看醫生一樣，必須先查清病情，才能對症下藥，所不同的是這個醫生一般來說就是你自己，別的人也能瞧出你的「病情」，但至多只是對你進行告知，進行治療的還是你自己。

不能控制情緒的人，大部分是因為在當時沒有察覺到自己的情緒，也沒想到這種情緒導致的不良後果。而管好自己的情緒恰恰需要我們及時地察覺到自己的情緒。「馬後炮」又能起什麼作用？重要的是，我們必須能即刻察覺自己的情緒，以免延誤「病情」。

有的情緒延誤的時間較長，比如抑鬱、悲哀、焦慮等，我們察覺起來比較容易一些。相信大部分的女孩都有一本記錄心思的日記本，當心情不好的時候拿出來發洩發洩，記錄下自己當時的心情。有一位心理治療專家說：「如果我們用文字或語言將自己的恐懼和焦慮澄清一下，往往自己會為此感到十分驚訝。」

有的情緒延續的時候較短，比如憤怒，爆發就在那一瞬間。此時，察覺到這種情緒後，就應注意克制，有效的方法是利用好自己的潛意識，時常提醒自己要「注意自己的情緒，要理智一點」，時間長了，當你以前難以控制的情緒再次出現時，潛意識就發揮作用，讓你明白這種情緒已經發生了，需要你控制。

察覺情緒是控制情緒的前提，培養自己敏銳的察覺能力，才能及時控制好自己的情緒。

第二步，解剖情緒。

解剖情緒是一個非常重要的過程，正如查清病情後，應找出病因。將情緒產生的來龍去脈理一遍，找到源頭，從根本上治理。

解剖情緒需要你冷靜下來，並且拿出勇氣來給自己開一刀。有的人能夠察覺出自己的不良情緒，但卻沒有勇氣或者懶於解剖，不能正視事實，解決問題。要解剖情緒，還得先讓自己進入這一程序。

寫日記，不但是記錄下自己的心情，同時也是對自己情緒進行分析解剖。有一篇大學生日記是這樣寫的：

今天，我到商店買東西，發生了一件很不愉快的事情。

買完東西後，離開商店不久卻發現找回的錢中有一張錢是假幣。我怒氣沖沖地跑回商店，將錢扔在櫃檯上。接下來就是一場爭執，我真想和她打一架。不過，現在看起來，自己的行為有一些可笑。真不明白自己當時為什麼那樣衝動。如果當時冷靜下來想想，也不至於發生那麼大的爭執。盡管錢是假的，但自己為什麼當時不看清楚一點，如果我當時能平靜下來，不那麼氣勢洶洶，和氣地解釋，可能事情會完全不一樣。自己是一個大學生，行為怎麼這麼魯莽和衝動，太不應該了。生氣是不值得的，不管怎麼樣，自己也有一部分責任。吃一塹，長一智。千萬別壞了自己的心情。

這一則日記包括了解剖的全部過程，先記錄情緒，然後找出產生的原因，根據原因分析是否具有合理性，從而化解了不良情緒。

第三步，調節情緒。

調節情緒的具體方法大概有以下三種。

其一，適當發洩。

控制情緒不等於壓抑情緒，壓抑情緒壞處很多，而適當地發洩一下，可以消除不良情緒，還有利於身體健康。

美國鈔票公司總經理伍德赫爾就利用紅墨水發洩自己的感情。起初，他只是一家公司的小職員，上司也不怎麼器重他，提升的機會也比較少。他很鬱悶，但他和別的人發洩的方式有所不同。其他人可能用語言發洩，而他卻用紅墨水發洩。他說：「當我獨處的時期，這種鬱悶和不滿會逐漸膨脹，讓我真想辭職算了。但在我寫辭職信之前，我拿來一支鋼筆和一瓶紅墨水，坐下來把我對上司的評價從頭寫到尾。然後，把紙放回抽屜裡，把苦悶告訴一位摯友。摯友叫他拿一瓶黑墨水，把上司們的優點寫出來，也把他能做的事寫出來。寫完以後，他將兩張紙對比了一下，決定留下來。他說：「在以後的工作中，我都用這種方法把想說而不敢說的話寫出來。每次寫完以後，備感輕鬆。」

其二，轉化法。

消極情緒並不一定就只能發揮消極作用，在某些時候，它可能化為巨大的動力。紐約某銀行總經理弗雷就是這種善於轉化的人。開始，他在長島開了一家昆士郡銀行，規模較小但自我感覺良好。有一天，一位大銀行的經理來訪，一句輕蔑的話卻讓弗雷大為轉變。臨走時，大銀行的經理對他說：「如果你活得長一點兒，或許銀行會變得稍大一些。」

這句話讓他深受刺激，他說：「當時，我被這句話氣得話都說不出來。『如果你活得長一點兒』，這什麼話，好像我只是在等待好事來臨。但從此以後，我就發誓要打敗他。四年以後，我銀行的存款是他的兩倍。」

聰明的人不會因為別人的行為而看輕自己，更不會只顧發怒，生氣和憤怒都不能解決問題。只有化悲憤為力量，奮發圖強，才能出人頭地。

其三，轉移法。

當不良情緒產生時，我們可以將注意力從原來的事物上轉移到別的地方去。有的人心情不好時，喜歡吃東西，或上街瘋狂購物，借花錢發洩心中的苦悶；有的人靠麻醉自己，迫使自己忘記煩惱。常見的喝酒或到遊戲廳、舞廳，借喧鬧刺激自己鬱悶情緒的方法，效果不一定好，「抽刀斷水水更流，借酒消愁愁更愁。」因此，轉移注意力時，要注意採取更有效的方式。

將注意力轉移，可以將原有的情緒暫時沖淡，而轉換為另一種情緒。其方法就是將消極情緒轉化為積極情緒，而把過於興奮的情緒恢復到正常。

☆心理學要點：

情緒像洶湧的洪水，而控制情緒就是治水，常採取的一種錯誤方法是修築堤壩。那種盲目地壓抑情緒的方法，最後將導致情緒的爆發，並且危害更大。遇到消極情緒，正確的方法是引流疏導，讓情緒發洩得恰到好處。

9 憤怒就像火山，不僅會傷及別人，也會灼傷自己

通常，憤怒是人們對客觀現實中某一方面或某些方面不滿意，或是由於個人意願多次受挫折引起的負面心理。無論大人還是小孩，在個人意願受到阻止或壓抑時，均容易產生不穩定的情緒，多表現為情緒暴躁、難以控制心中的怒火。

憤怒是一種很可怕的負面情緒，它不僅會使人賠上自己的聲譽、工作、朋友和所愛的人，還會嚴重影響個人的身心健康，更有甚者會迷失自我。

憤怒是醜陋的，而且是一種具有破壞性的情緒，蟄伏在人心，蓄勢待發，並伺機操縱人的生活。憤怒可以像吹熄的蠟燭，會暫時蒙蔽人的雙眼，而且令人做事違背常理。因此，無法抑制的怒氣容易成為傷害身心至深的本源。

俗語說：「一個憤怒的人只會破口大罵卻看不見任何東西。」

美國一位政治候選人剛剛嶄露頭角，他被引薦到一位有多年政界經驗的前輩那裡，希望透過這位政界前輩的幫助獲得更多選票。

令候選人吃驚的是，這位政界前輩有一個小小的要求：交談中如果候選人打斷了他的講話，就必須支付五美元的罰款。候選人爽快地答應了。

「很好。首先，你對聽到的關於自己的一些詆毀和誣衊，最好不要感到憤怒，隨時都要注意這一點。」

「噢，我會做到這一點的，無論別人說什麼、怎麼說，我都不會因此發脾氣，我對別人的話毫不在意。」候選人說。

「很好，這就是我的經驗的第一條。但是，坦白地說，我是不希望你這樣一個不道德的流氓當選的……」

「先生，你怎麼可以這樣侮辱我……」候選人抗議了。

「請付五美元。」

「哦！啊！這只是一個教訓，對不對？」

「哦，是的，這是一個教訓，其實，這也是我的真實想法……」

「你怎麼這麼說，你這簡直是在污蔑……」候選人生氣了。

「再付五美元！」

「哦，這又是一個教訓，你的十美元賺得也太容易了。」

「沒錯，十美元，你是否先付清錢，然後再繼續？因為，人人都知道你是個不講信用的人……」

「可惡！你這個傢伙！」候選人又忍不住生氣了。

「請付五美元！」

「啊！對不起，這又是一個教訓，我最好試著控制自己的情緒。」

「好的，我收回以前的話，但我的意思並不是這樣。在我看來你是一個值得尊敬的人，但考慮到你卑賤的家庭，而且還有那樣一個聲名狼藉的父親……」

「你才是個聲名狼藉的惡棍！」候選人又憤怒了。

「請付五美元。」

在候選人的驚愕中，政界前輩說：「現在，就不是五美元的問題了。你要記住，你的每一次發火或者你為自己所受的侮辱而生氣時，至少會因此丟失一張選票。對你來說，選票可比鈔票值錢得多。」

當人在受到足夠的負面刺激後，會產生劇烈的憤怒情緒，從而導致理智喪失，做出衝動的事。正如那句俗話說的，憤怒就像火山，不僅會傷及別人，也會灼傷自己。

歷史上，吳三桂的「衝冠一怒為紅顏」，使清軍入關，改寫了中國歷史；而現代日常生活中的怒，輕則危害自己的身體健康，重則損壞財物，傷害他人。可見，憤怒情緒的危害是巨大的。有人說，當憤怒的人重回理智時，會把怒氣轉移到自己身上，如同銀行的存款可以產生利息般。停滯在心中的怒氣，他日會變成痛苦的根源。

憤怒並不是解決問題的辦法，只有透過各種行之有效的途徑，對面臨的困境做出正確的判斷，才能使難題得以真正的破解。

一個能理智地控制自己情緒的人，能在發怒前的一秒鐘內迅速考慮到發怒會導致的嚴重後果，從而控制住自己，避免事態向壞的一面發展。如果我們能在日常生活、工作中及時控制自己的憤怒情緒，並及時從憤怒的情緒中擺脫出來，那麼，這個世界將會更加安寧、和平。

☆心理學要點：

憤怒的火焰會吞噬掉自己的工作、朋友、家庭和聲譽，以及心靈的寧靜和健康，甚至會失去自我。收起你憤怒的火焰吧，用一種平和的心態，讓生命中寧靜溫馨的百合花常開！

10每當恐懼不安的時候，要往好的方面去想，不要被焦慮壓倒

在壓力越來越大的今天，焦慮愈來愈成為一種易發的情緒病。

焦慮是一種令人提心吊膽、緊張不安的情緒感受。焦慮時，人會表現出坐立不安、心煩意亂的症狀。白天頭昏腦脹、無精打采，對身邊的人和事始終心存疑慮，非常敏感；夜裡失眠多夢，常常從噩夢中驚醒，從而出現睡眠不足、精神萎靡、口乾舌燥、血壓升高、心跳過度等生理上的多種不良症狀。

焦慮是一種不容忽視的心理因素，如果你發現自己經常會出現緊張不安、心煩意亂，或是莫名的恐懼的時候，你就需要及時對自己的情緒加以調整了。

喬治是某石油公司的老闆，有些運貨員偷偷地扣下了給客戶的油量賣給了

他人，而喬治卻毫不知情。有一天，來自政府的一個稽查員告訴喬治，他已經掌握了喬治員工販賣不法石油的證據，並要檢舉他們。但是，如果喬治賄賂他，他就會網開一面。當時喬治非常厭惡稽查員的行為和態度，一方面他覺得這是那些盜賣石油的員工的問題，與自己無關；但另一方面，法律又有規定「公司應該為員工的行為負責」。而且，萬一案子上了法庭，就會有媒體來炒作，一旦傳出去會影響到公司的名聲和生意。喬治為此感到非常焦慮，三天三夜無法入睡。

喬治無法做出正確的決定，每天為此擔心。一天，他問自己：如果不付錢的話，最壞的後果是什麼呢？後來，在一個星期天的晚上，他碰巧拿起一本叫做《如何不再憂慮》的小書，這是他去聽卡耐基公開演說時所拿到的。喬治開始閱讀，讀到威利・卡瑞爾的故事，裡面說：「面對最壞的情況。」於是喬治問自己：「如果我不肯付錢，那些勒索者把證據交給地方檢察官的話，可能發生的最壞情況是什麼呢？」答案是：毀了我的生意—最壞就是如此。我不會被關起來。所可能發生的，只是我會被這件事毀了。於是喬治對自己說：「生意即使毀了，但我在心理上可以接受這點，接下去又會怎樣呢？」那就是：我的生意毀了之後，也許得去另外找件差事。這也不壞，我對石油知道的很多—有幾家大公司可能會樂意雇用我……這樣想著，喬治開始覺得好過多了。三天三夜來，他的那份憂慮開始消散了一點，他的情緒穩定了下來……更意外的是，他居然能夠開始思想了。

喬治頭腦清醒地看出第三步—改善最壞的情況。就在他想到解決方法的時候，一個全新的局面展露在他的面前：如果我把整個情況告訴我的律師，他可能會找到一條我一直沒有想到的路子。他知道這乍聽起來很笨，因為他起先一直沒有想到這一點—當然是因為他起先一直沒有好好思想，只是一直在擔心的緣故。喬治馬上打定了主意，第二天清早就去見他的律師。接著他上床，睡得安安穩穩。

第二天早上，喬治的律師叫他去見地方檢察官，把整個情形告訴他。喬治果然照他的話做了。當喬治說出原委之後，出乎意外地聽到地方檢察官說，這種勒索的案子已經連續好幾個月了，那個自稱是政府官員的人，實際上是警方的通緝犯。當喬治為了無法決定是否該把五千元交給那個職業罪犯而擔心了三天三夜之後，聽到他這番話，真是鬆了一大口氣，心中的石頭終於落下來了。這次的經歷使喬治終生難忘，從此以後，每當喬治開始焦慮擔心的時候，就會用那次的經驗來幫助自己擺脫焦慮。

消除焦慮心理，最好的辦法就是放鬆自己的身心。

應該學會自我疏導。當你發現自己已經被焦慮的情緒左右時，應該及時進行自我疏導，適時轉移自己的注意力，將思維轉移到愉快的事情上。也可以透過自我宣洩和放鬆，改變對生活事件、挫折、壓力的看法，參加體育運動，親近大自然、陶冶性情，向家人、朋友傾訴等方式來緩解焦慮。此外，可求助於專業的心理醫生，也可進行藥物治療。

☆心理學要點：

焦慮是一種不容忽視的心理因素，如果你發現自己經常會出現緊張不安、心煩意亂，或是莫名的恐懼的時候，你就需要及時對自己的情緒加以調整了。遠離焦慮，保持樂觀心理，知足常樂，讓生活淡定，讓人生從容。

11 碰到緊急情況，心煩意亂不如保持靜默，冷靜尋找出路

所謂「慌不擇路」，表面的意思就是因為驚慌、忙亂而顧不上選擇道路。

這是許多人遇上緊急情況時的一貫反應。這種反應對解決問題沒有絲毫的幫助，反而會令事情越來越糟。

有幾個老礦工，他們終日在極深的坑道中工作。有一天，礦燈突然熄滅了，他們頓時驚惶失措，開始胡亂的尋找出路。一陣混亂的摸索後，他們竟然迷失了方向，幾個人走得精疲力竭，只好坐下來休息。

大家誰也不說話，空氣中是令人窒息的恐懼，好像死亡即將來臨。一些人根本坐不住，煩躁地走動著。這時，一個平時處事冷靜的老礦工開口說話了：「與其這樣盲目亂找，不如坐在這裡，看看是否能感覺到風的流動，因為風一定是從坑口吹來的。」

大家聽了他的話似乎看到了希望，都穩穩地坐了下來。剛開始沒有一點的感覺，可是一段時間後，他們的心思變得很敏銳，逐漸感受到陣陣微弱的風輕撫臉上。他們順著風的來處，終於找到出路了。

在慌亂中尋找人生的出路，往往會失去方向，不如保持靜默，拭去心靈的浮躁，出路往往就會出現在你面前。

還聽過這樣一個小故事。有一個木匠在工作的時候，不小心把手錶掉落在滿是木屑的地上，他一面大聲抱怨自己倒楣，一面撥動地上的木屑，想找出他那只心愛的手錶。

許多夥伴也提了燈，幫他一起找，可是找了半天，仍然一無所獲。等這些人去吃飯的時候，木匠的孩子悄悄地來到屋子裡，沒一會工夫，他居然找到了手錶！

木匠又高興又驚奇地問孩子：「你是怎麼找到的？」孩子回答說：「我只是靜靜地坐在地上，一會兒我就聽到『滴答』的聲音，就知道手錶在哪裡了。」

是啊，心煩意亂是不能讓問題得到解決的，倒不如靜下心來，也許一切便迎刃而解。

☆心理學要點：

在慌亂中尋找人生的出路，往往會失去方向，不如保持靜默，拭去心靈的浮躁，出路往往就會出現在你面前。

12 擺脫「齊氏效應」的困擾，從緊張壓抑的狀態中解脫出來

當今世界是一個競爭激烈、快節奏、高效率的社會，這就不可避免地給人帶來許多緊張和壓力。精神緊張一般分為弱的、適度的和加強的三種。人在做事的時候需要適度的精神緊張，這是人們解決問題的必要條件。因為，適度的緊張，可以集中人的注意力，幫助人迅速找出解決問題的方法。但是，我們常說萬事過猶不及，倘若過度緊張了，就可能會因此導致失誤和失敗。人在高度緊張的狀態下，渾身肌肉收縮、呼吸急促、心跳加快，思維也會停滯。

學生學習緊張，運動員訓練緊張，職場人員工作緊張……這個社會的人們幾乎都難以避免齊氏效應的困擾。什麼叫齊氏效應呢？

齊氏效應是一個非常著名的心理效應，指由於工作壓力過大而造成的心理上的長期緊張狀態。齊氏效應源於法國心理學家齊加尼克所做過的一次非常有意義的實驗—「困惑情境」實驗。齊加尼克先把一批受試者分成甲乙兩個組，然後讓他們同時完成二十項工作。其間，他對甲組受試者進行干預，讓他們不能繼續工作而沒能完成任務，讓乙組受試者順利完成所有工作。實驗結果表明，盡管每個受試者在接受任務的時候都呈現出一種緊張狀態，但順

利完成任務者的緊張狀態隨之消失，而沒完成任務者的緊張狀態繼續存在，他們的思緒總是被那些沒能完成的工作所困擾。後一種情況就被叫做「齊氏效應」，也稱為「齊加尼克效應」。

齊氏效應告訴我們樣一個事實：在接受一項任務的時候，人會產生一定的緊張心理，唯有完成任務，這種緊張感才會消除。在沒有完成任務之前，緊張感會一直持續下去。

隨著現代科學技術的高速發展以及知識信息量的飛速增長，我們要承擔的工作量和要學習的知識量也相應地大大增加，工作和生活節奏越來越快，心理負荷也日益加重。

比如，小學生的書包越來越大、越來越沉，眼鏡鏡片也越來越厚，業餘時間只能轉戰於各種英語學習班、數學培訓班以及鋼琴訓練班中；都市白領的工作節奏也日趨緊張，永遠都有做不完的工作，就連吃飯的時候，也很難讓一直持續高速運轉的大腦休息一下；新聞媒體的工作者在節目播出前、上班外的時間，依舊會考慮編排和製作等情況；置身於某一攻關專案的科研人員，哪怕休息時也會是「身在曹營心在漢」；另外，企業家、醫務人員以及作家等，大部分人也都避免不了齊氏效應的困擾。

我國古代有這樣一則寓言故事：

師傅正在傳授射箭的技巧。師傅問徒弟：「你的臂力強嗎？」

「當然了！七石的弓（古代以石論弓的強度），我常把弓拉滿幾個時辰都不放。」言語間自豪之情難以掩飾。

「很好！現在我要你把箭射出去！看看你能射多遠！」師傅說道。

信心百倍的徒弟忙用自己拉滿七石的弓將箭射了出去。

師傅看後，也跟著射出一箭，用的是自己六石的弓，但是卻比徒弟射得遠很多。

看著徒弟驚訝的表情，師傅開口了：「強弓要虛的時候多、滿的時候少，才能維持彈性，成為強弓。倘若弦總是被拉緊的，就不可能射出有力的箭了。」

原來，箭射得是否足夠遠，並不單單倚靠弓的強度，繃得越緊的弦就越容易斷。人的精神又何嘗不是如此呢？如果一味將自己置身於緊張的學習、工作中而不得絲毫休息的時間，忽略我們自身的生理和心理的承受壓力，那就得不償失了，甚至會本末倒置。

一八八八年，在美國第二十三屆總統競選當天，候選人班傑明•哈里森十分平靜地在等候最終的結果。但是，他的票倉主要設在印第安那州，而那裡宣佈競選結果時已是晚上十一點了。後來，有一個朋友打電話祝賀他，卻被告知哈里森已經上床睡覺了。

次日上午，那位朋友問他，選舉結果快要出來了，他為何睡得那麼早。哈里森解釋道：「睡不睡覺並不能改變選舉的最終結果，就算當選，我也知道自己前面的路會非常難走。所以，不管結局如何，休息好都是一個明智的選擇。」這句話說得很對，「休息好是明智的選擇」。不管學習和工作有多麼忙碌，我們都該經常想著哈里森的這句話。

心理學家認為，緊張是一種有效的反應方式，是人應對外界刺激和困難的一種準備。有了這種準備，便可產生應付瞬息萬變的力量。因此緊張並不全是壞事。然而，持續的緊張狀態，則會嚴重擾亂機體內部的平衡，並導致疾病。所以我們應該學會自我消除緊張狀態。

要想有效消除緊張心理，從根本上來說，首先要降低對自己的要求。一個人如果十分爭強好勝，事事都力求完美，事事都要爭先，自然就會經常感覺到時間緊迫、匆匆忙忙。而如果能夠認識到自己能力和精力上的局限性，降低對自己的要求，凡事從長遠和整體考慮，不過分在乎一時一地的得失，不過分在乎別人對自己的看法和評價，自然就會使心境輕鬆一些。

另外，還要學會調整節奏，勞逸結合。在日常生活中要注意調整好節奏。工作學習時要思想集中、心無雜念；休息時要暫時把工作放在一邊，痛痛快快地去玩。另外，還要保證充足的睡眠時間，適當安排一些文娛、體育活動，做到有張有弛，勞逸結合。

☆心理學要點：

緊張是一種有效的反應方式，是人應對外界刺激和困難的一種準備。有了這種準備，便可產生應付瞬息萬變的力量。因此緊張並不全是壞事。然而，持續的緊張狀態，則會嚴重擾亂機體內部的平衡，並導致疾病。所以我們應該學會自我消除緊張狀態。

第六章：追求身心健康，創造美好人生

1心理的力量無窮無盡，以積極健康的意念激發出積極健康的心理

2人的健康不僅僅指強健的體魄，也必須包含心理的因素

3調節心理的失衡狀態，加重補償功能的砝碼以恢復平衡

4拋棄雜念，修身養神，從內心中尋找寧靜

5懂得選擇，學會放棄，擺脫心理的貧窮

6從平凡中窺見浪漫，永葆一顆赤子之心

7心是快樂的根，只要下定決心要擁有幸福，你就會得到幸福

第六章 追求身心健康，創造美好人生

1 心理的力量無窮無盡，以積極健康的意念激發出積極健康的心理

無數事實都證明：人的心理確確實實在影響著人的健康和幸福。

「二戰」時期，德國的納粹分子曾進行了一次觸目驚心的心理實驗，他們聲稱將以一種特殊的方式來處死人，這種方式就是抽乾人身上的血液。實驗那天，他們從集中營挑選來兩個人，一個是牧師，另一個是普通工人。納粹士兵將倆人分別捆綁在床上，用黑布蒙住雙眼，然後將針頭插進他們的手臂，並不時地告訴他們：「現在，你已經被抽了多少升血了，你的血將在多少時間內被抽乾！」其實，納粹士兵並沒有真的要抽乾他們的血，而只是在他們的手臂上插進了一支空針頭。結果，普通工人的面部不斷抽搐，臉色變得慘白，漸漸地在驚恐萬狀中死去。顯然，這位普通工人內心充滿了恐懼，恐懼的心理使他心力衰竭，導致了死亡。而那位牧師卻始終神情安詳，死神沒有奪取他的生命，他活了下來。事後，人們問他當時想些什麼，他說：「我的

內心很平靜，我不害怕，我問心無愧，即使死了，我的靈魂也會進入天堂。」

納粹分子的這個實驗雖然殘酷，但卻告訴了我們一個道理：心理的力量是無窮無盡的，如果你有一個好心理，你就可以選擇生；如果你有一個壞心理，你就只能選擇死。

西方心理學家反覆證實了一個觀點：心靈會接受不管多麼荒謬的暗示，一旦接受了它，心靈就會對之做出反應。這就是說，人的理智接受事實，人的心靈則接收暗示。人如果給心靈以積極的暗示，心靈就會呈現出積極的狀態；人如果給心靈以消極的暗示，那麼，心靈就會呈現出消極的狀態。

俄國作家契訶夫曾寫過一篇小說──《小公務員之死》。小說講，有一個小公務員一次去看戲，不小心打了一個噴嚏，結果口水不巧濺到了前排一位官員的腦袋上。小公務員十分惶恐，趕緊向官員道歉。那官員沒說什麼。小公務員不知官員是否原諒了他，散戲後又去道歉。官員說：「算了，就這樣吧。」這話讓小公務員心裡更不踏實了。他一夜沒睡好，第二天又去賠不是。官員不耐煩了，讓他閉嘴、出去。小公務員心想，這下子可真是得罪了官員了，他又想法去道歉。小公務員就這樣因為一個噴嚏，背上了沉重的心理負擔，最後，他……死了。

契訶夫對小公務員死因的描寫雖有些誇張，但卻說明一個人的心理對其身心健康有著極其重要的作用。

西方一位心理學家給我們講述了一個故事—他的一位親戚向一位印度水晶球占卜者卜問吉凶，後者告訴他，他有嚴重的心臟病，並預言他將在下一個新月之夜死去。

這一消極的暗示進入了他的心靈，他完全相信了這次占卜的結果，他果然如預言所說的那樣死了，然而他根本不知道他自己的心理才是死亡的真正原因。這是一個十分愚蠢、可笑的迷信故事。

讓我們看看他真正的死因吧：這位心理學家的親戚在去看那個算命巫婆的時候本來是很快樂、健康、堅強和精力旺盛的，而巫婆給了他一個非常消極的暗示，他則接受了它。中國有句古語：信則靈，不信則不靈。消極的暗示使他的心理變得消極起來，他非常害怕，在極度恐懼和焦慮中不停地琢磨他將死去的預言。他告訴了每一個人，還為最後的了結做好了準備。這種必死無疑的心理終於讓他結束了自己的生命。

毫無疑問，不同的人對同一暗示會做出不同的反應。例如，如果你走到船上的一位船員身邊，用同情的口吻對他說：「親愛的夥計，你看上去好像病了。你不覺得難受嗎？我看你好像要暈船了。」

根據他的性情，他要麼對你的「笑話」抱以微笑，要麼表現出輕微的不耐煩。你的暗示這次毫無效果，因為暈船的暗示在這位船員的頭腦中未能引起共鳴。一位飽經風浪的水手怎麼會暈船呢？

因此，暗示喚醒的不是恐懼與擔憂，而是自信。

而對於另一個乘客來說，如果他缺乏自信，暈船的暗示就會喚醒他頭腦中固有的對於暈船的恐懼。他接收了暗示，也就意味著他真的會變得臉色蒼白，真的會暈起船來。我們每個人的內心都有自己的信仰和觀念，這些內在的意念主宰和駕馭著我們的生活。暗示一般是無法產生效果的，除非你在精神上接受了它。

因此，我們一定要以積極健康的意念來激發出積極健康的心理，因為只有心理健康了，我們才能有健康的身體。

☆心理學要點：

如果給心靈以積極的暗示，心靈就會呈現出積極的狀態；人如果給心靈以消極的暗示，那麼，心靈就會呈現出消極的狀態。

2 人的健康不僅僅指強健的體魄，也必須包含心理的因素

我們每個人都在追求健康，都希望自己擁有一個強健的體魄。但對於健康的認識卻往往比較模糊，人們總是簡單地認為身體沒疾病就是健康，而事實上，不是的。世界衛生組織對健康做了如下定義：「健康是指身體上、心理上和社會上的完美狀態，而不僅是沒有疾病和虛弱的現象。」具體可以化為三個標準：一是沒有器質性和功能性異常，二是沒有主觀不適的感覺，三是沒有社會公認的不健康行為。可見健康是身體健康、心理健康和社會道德健康的綜合體。

人的心理活動對生理反應的影響是非常大的。比如，當一個人心情難過時，腸胃的蠕動就會下降，消化液分泌減少，從而導致食欲降低，會吃得很少；而當人情緒愉快時，胃粘膜就會增加，胃壁運動也會明顯增強，食欲就會比較旺盛。一般的情況下，積極、樂觀的心理因素能有效地促進人的身心健康，而消極悲觀的心理因素則會有損人的身心健康。因此，心理因素在很大程度上決定著人的身心是否健康。

樂觀的心態可增進身體健康。當人愉快時，大腦會產生一種物質「安多

芬」，使人增加舒服暢快感受。樂觀有助建立良好的人際關係。一些人因擁有較正面的情緒，所以別人喜歡與他們交往，而他們也會積極主動地去建立友誼，關心及體貼別人的需要，幫助別人解決困難；相反，如果一個人心態悲觀，那麼他會覺得所有的人都對自己不夠友好，所有的人都在想方設法地對付自己，感到生活總是毫無意義，工作總是枯燥乏味，加班總不心甘情願。會覺得上司總是不考慮自己的感受，朋友總是不夠真誠，家人總是不夠體貼……總而言之，一切都糟透了。積極樂觀心態也有益於人的身體健康，一個人如果長期處於憂慮與煩惱中，疾病也就會找上門來了。

有這樣一個故事：以前，有一個人得了一種怪病，他終日為疾病所苦。為了能早日痊癒，他看過了不少醫生，都不見效果。有一天，他聽人說遠處有一個小鎮，鎮上有一種包治百病的水，於是就急忙趕過去，跳到水裡去洗澡，但是，這不但沒有治好他的病，反而病情還加重了。

有一天晚上，他在夢裡夢見一個精靈向他走來，關切地問他：「所有的方法你都試過了嗎？」他說：「試過了。」「不，」精靈搖頭說，「過來，我帶你去洗一種你從來沒有洗過的澡。」

精靈將這個人帶到一個清澈的水池邊對他說：「進水裡泡一泡，你很快就會康復。」說完，就不見了。這個人跳進了水裡，等他從水中出來時，所有的病竟然真的消失了。他欣喜若狂，猛地一抬頭，發現水池旁的牆上寫著「拋棄」兩個字。這時他也醒了，夢中的情景讓他猛然醒悟：原來自己一直都沒有把那些壞心情拋棄，才得了這樣的怪病。從那以後他不再消極，沒過多久，他的身體就康復了。

我們常說，笑一笑，十年少，意思是保持積極樂觀的生活態度有助於延長壽命。美國科學家透過十五年的研究，進一步證實了這一常識。大衛•斯諾登是肯塔基大學教授，他從一九八六年開始就對聖母修女學院的六百七十八位修女進行跟蹤研究，這些修女每年定期體檢，而且同意死後將她們的大腦捐獻出來供醫學研究。研究人員發現，年輕時比較樂觀的修女，到年老後不容易患早老性癡呆症。越樂觀的人，隨著時間的流逝，他們對自身造成的壓力就越小。相反，經常焦慮、動怒的人歲數大後更容易中風和患心臟病。

幾年前，斯諾登和他的同事開始仔細閱讀一百八十位修女在她們二十多歲時寫的自傳，對生活持樂觀向上態度的修女在她們自傳中喜歡用「幸福」、「快樂」、「愛」、「滿意」和「充滿希望」等字句，而且她們要比悲觀的人平均多活十年。

另外，美國明尼蘇達梅奧醫院人員對八百多人進行了為期三十年的跟蹤研究，發現情緒樂觀的人生存率遠遠高於預期值。另一方面，情緒悲觀的人實際壽命與預期壽命相比，提前死亡的可能性高19％。

由此可見，良好的心理對保持身體的健康是多麼地重要。很多時候，不是我們的身體生病了，而是我們的心理生病了。我們應該多注重心理的調節，保持樂觀豁達的心態，凡事想開些，克服緊張、恐懼、焦慮和痛苦等不良情緒，這樣才能夠保持一種良好的心理狀態，促進我們生理機能的完善和健全。

現代社會雖然給人們帶來了很多的方便和享受，並且創造了很多機遇和成就，但同時也讓人們承受著巨大的壓力和無盡的煩惱。心理過於疲憊，從而導致各種各樣的疾病乘虛而入。

因此，要想擁有健康，我們除了關注身體健康、注重身體鍛煉和保養的同時，更應該注重心理健康的狀態，注重心理素質的提高，這才是保持身心健康的根本。一位哲學家曾經說過：「人類的幸福只有在身體健康和精神安寧的基礎上，才能夠建立起來。」只有擁有了身與心的健康，我們的生活才會幸福美滿。

☆心理學要點：

健康是身體健康、心理健康和社會道德健康的綜合體。只有身心都保持良好的狀態，我們的生活才會更加幸福和快樂。

3 調節心理的失衡狀態，加重補償功能的砝碼以恢復平衡

心理失衡的現象在生活中時有發生。大凡遇到工作不如意、與家人爭吵、被人誤解譏諷等情況時，各種消極情緒就在內心積累，從而使心理失去平衡。消極情緒佔據內心的一部分，而由於慣性的作用使這部分越來越沉重、越來越狹窄；而未被佔據的那部分卻越來越空、越來越輕，因而心理明顯分裂成兩個部分，重者壓抑，輕者浮躁，使人出現暴戾、輕率、偏頗和愚蠢等難以自己的行為。這是心理積累的能量在自然宣洩，其行為具有破壞性。

這時需要的是心理補償。縱觀古今中外的強者，其成功之秘訣就包括善於調節心理的失衡狀態，透過心理補償恢復平衡，甚至增加建設性的心理能量。

有人打了一個頗為形象的比方：人好似一架天平，左邊是心理補償功能，

右邊是消極情緒和心理壓力。你能在多大程度上加重補償功能的砝碼而達到心理平衡，你就在多大程度上擁有了時間和精力去從事那些有待你完成的任務，並有充分的樂趣去享受人生。

維護心理平衡，保持良好心態，是熱愛自己、熱愛生活，也是熱愛別人、熱愛社會的一種生活態度、生活方式，久之，更是一種生活習慣。維護心理平衡，保持良好心態，實在是一個人的智慧、一個人的能力、一個人的品味。因此，心理平衡被WHO（世界衛生組織）確定為健康的四大基石之一，被國際社會《維多利亞宣》視為三大里程碑之一。

那麼，人怎樣才能養成令自己保持心理平衡的習慣，使自己處於健康而良好的狀態呢？

其一，對自己不苛求。每個人都有自己的抱負，有些人把自己的抱負目標定得太高，根本實現不了，於是終日抑鬱不歡，這實際上是自尋煩惱；有些人對自己所做的事情要求十全十美，有時近乎苛刻，往往因為小小的瑕疵而自責，結果受害者還是自己。

其二，暫時逃避。在現實中，受到挫折時，應該暫將煩惱放下，去做你喜歡做的事，如運動、打球讀書、欣賞等，待心境平和後，再重新面對自己的難題，思考解決的辦法。

其三，不要處處與人爭鬥。有些人心理不平衡，完全是因為他們處處與人爭鬥，使得自己經常處於緊張狀態。其實，人際之間應和諧相處，只要你不敵視別人，別人也不會與你為敵。

其四，對人表示善意。生活中被人排斥常常是因為別人有戒心。如果在適當的時候表示自己的善意，誠摯地談談友情，伸出友誼之手，自然就會朋友多，隔閡少，心境自然會變得平靜。

其五，適當讓步。處理工作和生活中的一些問題，只要大前提不受影響，在非原則問題方面無需過分堅持，以減少自己的煩惱。

其六，找人傾訴煩惱。生活中的煩惱是常事，把所有的煩惱都悶在心裡，只會令人抑鬱苦悶，有害身心健康。如果把內心的煩惱向知己好友傾訴，心情會頓感舒暢。

其七，知足常樂。不論是榮與辱、升與降、得與失，往往不以個人意志為轉移，榮辱不驚，淡泊名利，達到心理平衡是極大的快樂。

實踐證明，心理平衡的作用，超過一切健康保證的總和，所以，心理平衡，對於每個人的健康和生命意義，實在太重要；對於維護每個家庭幸福、社會和諧與穩定，也實在太重要！

☆心理學要點：

維護心理平衡，保持良好心態，實在是一個人的智慧、一個人的能力、一個人的品味。

4 拋棄雜念，修身養神，從內心中尋找寧靜

在喧囂的生活中，當你感到疲憊、當你感到煩惱、當你被某個問題難住的時候，你不妨靜靜地獨處一會兒，讓身心放鬆，默默地冥想，或者什麼也不想。你會發現，這是一種很有益處的修身養性的方法，也是一種開啟智慧和靈感的有效方法。

中國的古人就深諳此道。

洪應明說：「夜深人靜的時候，獨自一人靜靜地坐下，省視內心，就會排除妄念，顯現真我。」他說，他常在這種靜思中感悟到人生的真諦，既感知

了真我、排除了妄念，又深深為自己的作為產生慚愧。

呂坤說：「在靜思時，可以看清楚自己究竟是一個什麼樣的人。」

李日華則設計了一個美好的沉思環境：打掃乾淨一間屋子，在裡邊擺好臥榻几案，點上沉香，沏好茶，非常清靜，沒有其他雜物干擾。這時獨坐凝想，自然就會感覺到頭腦清醒，心胸爽朗，世界上的一切煩惱、俗念、醜惡，都會漸漸消去。

古今中外，許多著名人物都有靜坐沉思的良好習慣。偉大的宗教領袖，如釋迦牟尼、穆罕默德，都是花很多時間來獨處深思的。他們摒除塵世的干擾，獨居冥思，因而開發出了大智慧。政治領導人也是如此。美國總統羅斯福因患小兒麻痺症，長時間只能獨居養病，而這正好給了他安靜思考的機會，使他能更好地考慮他的治國方略。印度的聖雄甘地也總是獨處思考，發展了他的超級思考能力和領導能力。南非卓越的領導人、諾貝爾和平獎的獲得者曼德拉，曾有數十年的囹圄生涯，監獄成為他獨居思考的最好地方。

我們都知道「達摩面壁」的故事。天竺高僧菩提達摩，在中國南朝梁代時，漂洋過海來到中國傳授禪學。他來到中嶽嵩山少林寺，寺中老僧對他並不熱情，達摩便在寺後山上找到一個天然石洞，在蒲團上坐定，開始面壁修習禪定。這一修煉，就是九年。因面壁時間久長，達摩的身形竟映入石中，留下了「面壁石」的奇觀。起初少林僧眾對達摩面壁，都抱著看熱鬧的態度，洞口終日人聲喧嘩，但達摩我行我素，並不受影響。九年過去，少林僧眾都成了達摩的信徒，達摩由此成為中國禪宗初祖。

達摩面壁，是要使自己抵禦住外界的誘惑，保持內心的純淨，「心如牆壁」，從物欲的困擾中解脫出來。靜坐修煉，成為禪宗的一項重要修身方法。

日本卡通片中的一休小和尚，每次遇到難題，都要獨自坐在樹下，以手指按頭，靜坐一會兒，經過這樣的思索，便能找到問題的答案。

很多科學家也有獨自沉思的習慣，偉大的發現和發明往往在這時候誕生。據說萬有引力定律的發現，就是牛頓獨自一人在蘋果樹下沉思時，一個偶然掉下的蘋果，觸發了他的靈感。

另一個有關阿基米德的故事也很有意思——

傳說敘拉古亥厄洛王讓工匠做了一頂純金王冠。金王冠做成後，樣式很好看，而且重量恰好等於國王給工匠的金子的重量。這使國王起了疑心，懷疑工匠偷去了若干金子，而摻入了銀子和其他金屬。國王命令阿基米德在絲毫不損壞金王冠的情況下，查明金王冠中是否摻入了其他金屬以及摻入的重量。

阿基米德苦苦尋找著解決這難題的辦法，但沒有什麼進展。他太累了，決定去洗洗澡，放鬆放鬆。他來到浴室，打開進水管，躺進浴盆裡。溫熱的水浸泡著他，好愜意。他享受著這舒適的寧靜……安靜中，他聽到有嘩嘩的水聲。他睜眼一看，發現浴盆裡的水已經滿到盆口，正在往外溢。他趕緊從浴盆裡出來，看見水面已經低於盆口。他忽然領悟到一個極其重要的科學原理。他欣喜若狂，連衣服都沒穿好，就往王宮跑去，大聲喊著：「我找到啦！我找到啦！」

他找到了兩個原理：一是把物體浸在任何一種液體中，液體所排開的體積，等於物體所進入的體積；二是物體所受到的液體浮力，等於所排出的液體的重量。阿基米德將與金王冠等重的一塊金子，一塊銀子和金王冠分別放在水中。金塊排出的水量最少，銀塊排出的最多，金王冠在兩者之間。這就證明了金王冠中一定摻入了其他金屬。在事實面前，工匠只得低下了頭。阿基米德發現的就是液體靜力學的基本原理。

在這個故事裡，我們看到阿基米德在身心完全放鬆的情況下，靜靜地獨處，排除了身體內外的一切干擾，讓思維在有意無意中自然進行。這時，靈感就可能爆發，以前理不清的一些事就可能突然得到了解決辦法。

這也是一種獨處靜思的方式，即讓大腦休息，從苦苦思索轉為放鬆的、下意識的思索。它和靜靜地獨處，安靜地思考問題有所不同，但它們的共同點都是要保持心靈的平靜、身體的放鬆。可坐、可躺，可在室內、可在郊外，總之，要避開干擾，要消除緊張。

在平日，我們看到有人遇到煩心事時，常會說：對不起，我要一個人呆一會兒。這樣的人是聰明的，他會透過獨處靜思，使自己冷靜下來，以一種新的平和的心理來重新看待所發生的一切。我們也應該學會這一方法，再進一步，可以把它變成一種習慣。每天，最好是在晚上，或是清晨，抽出那麼十幾分鐘、半個小時，找一個無人打攪的地方，靜靜地沉思冥想，或者乾脆什麼也不想，閉上雙眼，深呼吸—吸氣，吐氣，再吸氣，再吐氣。當有雜念干擾你的思想時，你要輕輕地趕開它們，把注意力繼續放在你的呼吸上，一遍一遍重複做。這時候，你心中的浮躁、焦慮、憂愁，就會慢慢離你遠去。你會感受到神清氣爽，生命的活力又回到了你身上……

現實生活中，我們會發現一些人之所以不能夠成功，並不是由於其智商不高，而恰恰就在於他們的內心不能夠達到「空」與「靜」的狀態。呂坤說：「心平氣和，此四字非涵養不能做，工夫只在個定火。火定則百物兼照，萬事得理。」的確如此。我們點一支蠟燭，如果火苗晃動，屋子裡的東西就很難看清；如果火苗穩定，屋子裡的一切都能看得清清楚楚。人也如此。如果一個人心浮氣躁，他就看不清事物的本來面目，就會主觀行事，一錯再錯；如果一個人心平氣和，他就能認清事物的本來面目，就能夠萬事得理，一順百順。

呂坤又說：「心要實，又要虛。無物之謂虛，無妄之謂實。惟虛故實，惟實故虛。心要小，又要大。大其心能體天下之物，小其心不憤天下之事。」人的心靈既要實在，又要空虛。對世間事物都不執著，這就叫空虛；沒有一絲邪妄的念頭，這就叫實在。只有心靈清虛空靈，才能觀照萬物；只有心靈純真無妄，才能虛己受物。

有這樣一個故事：一天，一個人正在大街上行走，突然有人喊了一聲：「餵！你腳下好大一個金戒指！」這人低頭一看，確實是一個金戒指，看起來大約值一千元。他撿了起來，喊話的人也走了過來，說：「這戒指是我發現的，應該有我一份。」這人一想有道理，但一個戒指怎麼分呢？喊話的人出了個主意：「要不，我給你二百塊錢，你把戒指給我？」這人一想，明明值一千元的戒指，一人一半應是五百元，你想多分三百元，天下哪有這樣的好事？於是反問道：「不行！這樣做你願意嗎？」喊話的人猶豫了一會兒，說：「好吧！也沒別的辦法了，你給我加二百元，戒指就是你的了。」這人一陣竊喜，照辦了。回家後冷靜一想，才發現事情有些蹊蹺。請人一鑒定，戒指是假的，一文不值。為什麼這人會上當受騙呢？因為他當時沒有冷靜地去想問題。為什麼他不能冷靜呢？因為他心裡不空靜，他一看見金戒指後，內心的欲望就燃燒起來了：他要得到這個戒指，不能讓它失去。他心中有了這樣的想法，就不冷靜了，對事情的來龍去脈也就不去思考了，於是，他就上當受騙了。

幾乎所有的騙子和騙術都是在利用人們不能空靜的心理。因為，只有這時，人們才不能去審時度勢，才不可能發現事實的真相，他們的騙術才會成功。

古人說得好：「心一鬆散，萬事不可收拾；心一疏忽，萬事不入耳目；心一執著，萬事不得自然。」

現在撲克牌有一種玩法叫「詐金花」。每個人發三張牌，你可以看這三張牌，也可以不看這三張牌。然後，彼此來比大小，牌大的贏，牌小的輸。在玩的過程中，牌大的人往往裝出牌小的樣子，牌小的人往往裝出牌大的樣子，於是，很多小牌贏了，大牌卻輸了。怎樣來認識和判斷對方的牌的大小呢？

關鍵就在於自己的心理。太自信了，就會總認為自己的牌大，一直與對手玩下去，結果攤牌一看，對方比你還要大；太小心了，就會總認為自己的牌小，結果別人的小牌贏了自己的大牌。因此，「詐金花」實際上就是一種心理的較量。

那麼，什麼心理才能贏呢？就是這種「靜」與「空」的心理：一是冷靜地觀察對方動作表情的細緻變化；二是不要心存妄念，主觀地認為自己牌大還是牌小。如果做到了這兩點，你就能比較準確地判斷出對方牌的大小，就能採取相應的辦法，也就能贏。

有一個笑話—從前有一個人，想錢想昏了頭。一天早上，他跑到一家兌換金銀的店裡，搶了一把錢就走，卻被一個店夥計拿住，把他送到了官府裡。縣官問他道：「許多人都在那裡，你怎麼敢搶錢呢？」他說：「我搶錢的時候，壓根兒就沒看見什麼人，眼睛裡看見的只是錢。」這個人說的確實是大實話，因為他的心裡只有錢，只有錢的心理左右了他的視線，使他除了錢之外，什麼東西都看不清了。所以，如果心理不能做到空與靜，我們也常常會犯同這個人一樣的錯誤。

心理的靜與空，實際上是心理的兩個層次。第一個是冷靜，這個層次相對而言，人們比較容易做到；第二個就是空，空並不是佛教所言的四大皆空，而是指人在面對問題之時，內心不要有任何偏見、任何雜念，不要受自己固有情緒和情感的影響，更不要受自己喜怒哀樂的影響。要做到這一個層次，相對來說要難一些。但再難也要做到，不做到這一點，就不能冷靜客觀；不能冷靜客觀，就不能克服困難、解決問題，也就不能走向成功。

甘地說：「每個人都應該從內心中尋找寧靜，真正的寧靜是不受外界環境干擾的。」

有一個故事，講的是一個秀才去考舉人，到揭曉那天，見榜上無名，就大罵考官有眼無珠。這時有一道士正巧從旁邊路過，看見這一情況後，不禁微笑起來。秀才看見，又把一股怨氣發向了道士。道士說：「相公，你的文章寫得一定不好，所以主考官才沒錄取你！」秀才怒不可遏道：「你又沒讀過我寫的文章，怎麼會知道我的文章不好呢？真是豈有此理！」道士不慌不忙地答道：「我聽說做文章貴在心平氣和，像你這樣心浮氣躁、怨天尤人，你的文章又怎麼做得好呢？」秀才一聽，立刻醒悟，從此以後，反省自我，克服了自己內在的毛病，心理變得空靜起來。第二次科舉時，終於金榜題名。

因此，一個人的心理如果達到了空與靜的狀態，他就能「不以物喜，不以己悲。」不因一時失意就大為沮喪，也不因一時成功就得意忘形。擁有了這樣的心理，他無疑也就擁有了一切。

☆心理學要點：

如果一個人心浮氣躁，他就看不清事物的本來面目，就會主觀行事，一錯再錯；如果一個人心平氣和，他就能認清事物的本來面目，就能夠萬事得理，一順百順。

5 懂得選擇，學會放棄，擺脫心理的貧窮

有位哲人曾說：「人之所以痛苦，不是因為擁有的太少，而是由於想要的太多。」正是因為欲望太多，從而造成心理貧窮。

很久以前，有兩位很虔誠、很要好的教徒，決定一起到遙遠的聖山朝聖。兩人背上行囊、風塵僕僕地上路，誓言不達聖山朝拜，絕不返家。

兩位教徒走啊走，走了兩個多星期之後，遇見一位白髮年長的聖者。這聖

者看到這兩位如此虔誠的教徒千里迢迢要前往聖山朝聖，就十分感動地告訴他們：「從這裡距離聖山還有十天的腳程，但是很遺憾，我在這十字路口就要和你們分手了。而在分手前，我要送給你們一個禮物！什麼禮物呢？就是你們當中一個人先許願，他的願望一定會馬上實現；而第二個人，就可以得到那願望的兩倍！」

此時，其中一教徒心裡想：「這太棒了，我已經知道我想要許什麼願，但我不要先講，因為如果我先許願，我就吃虧了，他就可以有雙倍的禮物！不行！」而另外那個教徒也自忖：「我怎麼可以先講，讓我的朋友獲得加倍的禮物呢？」於是，兩位教徒就開始客氣起來，「你先講嘛！」「你比較年長，你先許願吧！」「不，應該你先許願！」兩位教徒彼此推來推去，「客套地」推辭一番後，倆人就開始不耐煩起來，氣氛也變了：「你幹嗎？你先講！」「為什麼我先講？我才不要呢！」

兩人推到最後，其中一人生氣了，大聲說道：「餵，你真是個不識相、不知好歹的人，你再不許願的話，我就把你的狗腿打斷、把你掐死！」

另外一人一聽，沒有想到他的朋友居然變臉，竟然來恐嚇自己！於是想，你這麼無情無義，我也不必對你太有情有義！我沒辦法得到的東西，你也休想得到！於是，這一教徒乾脆把心一橫，狠心地說道：「好，我先許願！我希望─我的一隻眼睛瞎掉！」

很快地，這位教徒的一個眼睛馬上瞎掉，而與他同行的好朋友，也立刻兩個眼睛都瞎掉！

原本，這是一件十分美好的禮物，可以使兩位好朋友互相共用，但是人的「貪念」與「嫉妒」，左右了心中的情緒，所以使得「祝福」變成「詛咒」、使「好友」變成「仇敵」，更是讓原來可以「雙贏」的事，變成倆人瞎眼的「雙輸」！

在巴拉圭有一對即將結婚的未婚夫妻，很高興地大喊大叫、相互擁抱，因為他們中了一張「高額彩券」，獎金是七萬五千美金。

可是，這對馬上要結婚的新人，在中獎後隔天，就為了「誰該擁有這筆意外之財」而鬧翻了。倆人大吵一架，並不惜撕破臉、鬧上法庭。為什麼呢？因為這張彩券當時是握在未婚妻的手中，但是未婚夫則氣憤地告訴法官：「那張彩券是我買的，後來她把彩券放入她的皮包內，但我也沒說什麼，因為她是我的未婚妻嘛！可是，她竟然這麼無恥、不要臉，居然敢說彩券是她的、是她買的！」

這對未婚夫妻在公堂上大聲吵鬧，各說各話，絲毫不妥協、不讓步，所以也讓法官傷透腦筋。最後，法官下令，在尚未確定「誰是誰非」之時，發行銀行暫時不准發出這筆獎金！而兩位原本馬上要結婚的佳偶，因爭奪獎券的歸屬而變成怨偶，雙方也決定取消婚約。正如俗話說的：「結婚，經常不是為了錢；離婚，卻是經常為了錢！」

的確，人的私心、貪婪、嫉妒，常使人跌倒，重重地跌在自己「惡念」的禍害裡。

事實上，我們所擁有的，並不是太少，而是欲望太多；欲望太多的結果，就使自己不滿足、不知足，甚至憎恨別人所擁有的、或嫉妒別人比我們更多，以致心裡產生憂愁、憤怒和不平衡；欲望太多，就會導致心理貧窮！要減輕欲望，就要懂得捨棄。而外在的放棄讓你接受教訓，心裡的放棄讓你得到解脫，從而心裡變得安寧。

放棄是一門藝術。在物欲橫流的今天，既需要你做出選擇，而更多的則是放棄。與其說是抉擇得當，不如說是放棄得好。人生苦短，要想獲得越多，就得放棄越多。那些什麼都不放棄的人，是不可能有多少獲得的。其結果必然是對自身生命的最大的放棄，讓自己的一生永遠處在碌碌無為之中。

放棄是一種讓步，讓步不是退步。讓一步，避其鋒，然後養精蓄銳，以利於更好地向前衝刺。放棄是量力而行，明知得不到的東西，何必苦苦相求，明知做不到的事，何必硬撐著去做呢？

放棄需要明智，該得時你便得之，該失時你要大膽地讓它失去。有時你以為得到了某些時，可能失去了很多；有時你以為失去了不少，卻有可能獲得許多。不以得喜，不以失悲。盡自己最大的努力做去，管它花開花落，雲卷雲舒。

你應該明白：即使你擁有整個世界，但你一天也只能吃三餐。這是人生思悟後的一種清醒。誰真正懂得它的含義，誰就能活得輕鬆，過得自在，白天知足常樂，夜裡睡得安寧，走路感覺踏實，驀然回首時沒有遺憾！

物質上永不知足是一種病態，其病因多是權力、地位、金錢之類引發的。這種病態如果發展下去，就是貪得無厭，其結局是自我爆炸，自我毀滅。

托爾斯泰說：「欲望越小，人生就越幸福。」這話，蘊含著深邃的人生哲理。

「欲望越小，人生就越幸福。」這是針對欲望越大，人越貪婪，人生越易致禍而言的。古往今來，被難填的欲壑所葬送的貪婪者，多的不可計數。

托爾斯泰還講過一個故事：有一個人想得到一塊土地，地主就對他說，清早，你從這裡往外跑，跑一段就插個旗杆，只要你在太陽落山前趕回來，插上旗杆的地都歸你。那人就不要命地跑，太陽偏西了還不知足。太陽落山前，他是跑回來了，但已精疲力竭，摔個跟頭就再沒起來。於是有人挖了個坑，就地埋了他。牧師在給這個人做祈禱的時候說：「一個人要多少土地呢？就這麼大。」

這個死者，正像《伊索寓言》裡一個故事所說：「有些人因為貪婪，想得到更多的東西，卻把現在所有的也失掉了。」

其實，我們每一個人所擁有的財物，無論是房子、車子……無論是有形的，還是無形的，沒有一樣是屬於你自己的。那些東西不過是暫時寄託於你，有的讓你暫時使用，有的讓你暫時保管而已，到了最後；物歸何主，都未可知。所以智者把這些財富統統視為身外之物。

卡耐基曾說：「要是我們得不到我們希望的東西，最好不要讓憂慮和悔恨來苦惱我們的生活。且讓我們原諒自己，學得豁達一點。」

根據古希臘哲學家艾皮科蒂塔的說法，哲學的精華就是：一個人生活上的快樂，應該來自盡可能減少對外來事物的依賴。羅馬政治學家及哲學家塞尼加也說：『如果你一直覺得不滿，那麼即使你擁有了整個世界，也會覺得傷心。』且讓我們記住，即使我們擁有整個世界，我們一天也只能吃三餐，一次也只能睡一張床，即使是一個挖水溝的工人也可如此享受，而且他們可能比洛克菲勒吃得更津津有味，睡得更安穩。」

「身外物，不奢戀。」這是思悟後的清醒。它不但是超越世俗的大智大勇，也是放眼未來的豁達襟懷。誰如果能做到這一點，誰就會活得輕鬆，過得自在，真正地擺脫心理的貧窮。

☆心理學要點：

我們所擁有的，並不是太少，而是欲望太多；欲望太多的結果，就使自己不滿足、不知足，甚至憎恨別人所擁有的、或嫉妒別人比我們更多，以致心裡產生憂愁、憤怒和不平衡；欲望太多，就會導致心理貧窮！要減輕欲望，就要懂得捨棄。而外在的放棄讓你接受教訓，心裡的放棄讓你得到解脫，從而心裡變得安寧。

6 從平凡中窺見浪漫，永保一顆赤子之心

相對成年人來說，孩子可以說是最懂得享受幸福的專家了。而那些能夠保有童心的中老年人，更可稱得上是一種天才。因為，能保持年輕人的心態是相當難得而寶貴的。

因此，若要永遠擁有幸福，我們絕對不可讓自己的精神變得衰老、遲鈍或疲倦，我們不可以失去純真。有位老師曾問她的學生：「你幸福嗎？」「是的，我很幸福。」學生回答。「經常都是幸福的嗎？」老師再問道。「對，我經常都是幸福的。」「是什麼使你感覺幸福呢？」老師繼續問道。「是什麼我並不知道。但是，我真的很幸福。」「一定是有什麼事物才使得你幸福的吧！」老師繼續追問著。「是啊！我告訴你吧！我的玩伴們使我幸福，我喜歡他們；學校使我幸福，我喜歡上學；我喜歡我的老師。我愛姐姐和弟弟。我也愛爸爸和媽媽，因為爸爸媽媽在我生病時關心我。爸爸媽媽是愛我的，而且對我很親切。」

老師認為在她的回答中，一切都已齊備了——和她玩耍的朋友（這是她的夥伴）、學校（這是她讀書的地方）、姐弟和爸媽（這是她以愛為中心的家庭

生活圈）。這是具有極單純形態的幸福，而人們最高的生活幸福莫不與這些因素息息相關。

老師又向一群少年提出過相同的問題，並且請他們把自認為「最幸福的是什麼了」——寫下來。他們的回答也令人覺得感動。這是他們的回答：「有一隻雁子在飛；把頭探入水中，而水是清澈的；因船身前行而分撥開來的水流；跑得飛快的列車；吊起重物的起重機；小狗的眼睛……」

雖然這些答案很普通，但無疑卻存有某些美的精華。想要成為幸福的人，重要的秘訣便是：擁有清澈的心靈，能在平凡中窺見浪漫的眼神，葆有赤子之心以及單純的心情。

很多知足者都擁有一顆年輕的心，因此，他們更容易獲得幸福。拿破崙・希爾在其《滿足》一文中，對滿足與幸福有如下描述：

全世界最富裕的人住在「幸福谷」。他富有經久不衰的人生理想，富有他所不能失去的東西，這些東西能給他提供滿足、健康、寧靜的心情和內心的和諧。

下面是他的財產清單，它們本身說明了他是怎樣獲得這些財產的：

「我獲得幸福的方法就是幫助別人獲得幸福。

「我獲得健康的方法就是生活有節制，我僅僅吃維持我的身體健康所必需的食物。

「我不仇恨任何人，不嫉妒任何人，而是熱愛和尊敬全人類。

「我從事我所熱愛的勞動，我還把遊戲同勞動相結合，因此我很少感到疲勞。

「我每天祈禱，不是為了更多的財富，而是為了更多的智慧，用以認識、利用、享受我所已經擁有的大量財富。

「我不使用辱　的語言。

「我不要求任何人的恩賜，只要求我有權把我的幸事分享給那些需要幫助的人。

「我和我良心的關係良好，因此它總是指導我正確處理一切事情。

「我所擁有的物質財富多於我的需要，因為我清除了貪婪之心。我只需要在我有生之年能用於建設的那部分財富。我的財富來自分享了我的幸事而受益的那些人。」

☆心理學要點：

若要永遠擁有幸福，我們絕對不可讓自己的精神變得衰老、遲鈍或疲倦，我們不可以失去純真。

7 心是快樂的根，只要下定決心要擁有幸福，你就會得到幸福

美國一位相當具有知名度的電視主持人，有一回邀請某位老人在他的節目中接受訪問。這位老者在節目中所說的話並沒有預先備妥，也未事先排演過，但是，由於他說話的內容十分樸實、自然、得當，因此每次話音未落，總會使人開懷一笑，受到了觀眾們的熱烈歡迎。當然，這位主持人也因感染了其中的溫馨氣氛而愉悅不已。

由於好奇，這位主持人禁不住問這位老人：「你為何會這樣幸福呢？你一定有關於創造幸福的不可思議的秘訣吧！」

「不！不！」老人回答，「根本沒有什麼不可思議的秘訣，這件事就好比每個人的臉上都有一張嘴巴一般，是件非常平常的事。我只是在每天早晨起

床時作一個選擇。你們認為我會選擇哪一樣呢？──我只是選擇『幸福』而已。」

這件事聽起來，也許單純得令人難以置信，而這位老人的見解聽來也似乎過於淺顯。但是，卻讓我們想起林肯曾說過的那句話：「人們如果下定決心要擁有幸福，他就會得到幸福。」換言之，如果你希望變為不幸，那麼你就會陷入不幸的深淵中。世界上再也沒有比這個道理更簡單的了。

傳說在天堂上的某一天，上帝和天使們召開了一個腦力激盪會議。上帝說：「我要人類在付出一番努力之後才能找到幸福快樂，我們把人生幸福快樂的秘密藏在什麼地方比較好呢？」

有一位天使說：「把它藏在高山上，這樣人類肯定很難發現，非得付出很多努力不可。」

上帝聽了搖搖頭。

另一位天使說：「把它藏在大海深處，人們一定發現不了。」

上帝聽了還是搖搖頭。

又有一位天使說：「我看哪，還是把幸福快樂的秘密藏在人類的心中比較好，因為人們總是向外去尋找自己的幸福快樂，而從來沒有人會想到在自己身上去挖掘這幸福快樂的秘密。」

上帝對這個答案非常滿意。

從此，這幸福快樂的秘密就藏在了每個人的心中。

心理學家指出，每個人都有具備使自己幸福快樂的資源，像謙虛、合作精神、積極的態度，還有愛心……這些特質幾乎都可以在每個人的身上找到，只是許多人沒有把這些「幸福快樂的資源」運用得好。而且每一個人都可以透過改變思想去改變自己的情緒和行為，從而改變自己的人生。

我們每天遇到的事物，都包含成功快樂的因素，取捨全由個人決定。因為所有事情和經驗裡面，正面和負面的意義同時存在，把事情和經驗轉為絆腳石或者是踏腳石，由你自己決定。

幸福快樂的人所擁有的思想和行為能力，都是經過一個過程培養出來的。在開始的時候，他們與其他人所具備的條件是一樣的。

情緒、壓力或困擾都不是源自外界的人、事、物，而是由自己內心的信念和價值觀產生出來的。有能力給自己製造出困擾的人，當然也有能力替自己消除困擾。

相信自己有能力或凡事都有可能，是對自己幸福快樂最有效的保證。

☆心理學要點：

每個人都具備使自己幸福快樂的資源，像謙虛、合作精神、積極的態度，還有愛心……每一個人都可以透過改變思想去改變自己的情緒和行為，從而改變自己的人生。我們每天遇到的事物，都包含成功快樂的因素，取捨全由個人決定。

國家圖書館出版品預行編目(CIP)資料

微反應心理學 : 瞬間猜透對方內心的真實意思 / 王華志編著. -- 臺北市 : 華志文化, 2020.06
面 ; 公分. -- (全方位心理叢書 ; 36)
ISBN 978-986-98313-8-3(平裝)
1. 應用心理學
177　　　　109005644

華志文化事業有限公司
系列／全方位心理叢書36
書名／微反應心理學：瞬間猜透對方內心的真實意思

編輯者　王華志
執行編輯　簡煜哲
美術編輯　楊雅婷
封面設計　王志強
文字校對　陳欣欣
企劃執行　張淑勤
總編輯　黃志中
社長　楊凱翔
出版者　華志文化事業有限公司
電子信箱　huachihbook@yahoo.com.tw
地址　116台北市文山區興隆路四段九十六巷三弄六號四樓
電話　0937075060

總經銷商　旭昇圖書有限公司
地址　235新北市中和區中山路二段三五二號二樓
電話　02-22451480
傳真　02-22451479
郵政劃撥　戶名：旭昇圖書有限公司（帳號：12935041）
出版日期　西元二〇二〇年六月初版第一刷
　　　　　西元二〇二一年十二月初版第二刷

書號　C336

華志文化

華志文化